南極之心

——楊力州的極地心路探險

楊力州——著

序言

二〇〇八年，世界的盡頭——磁北極點——向我發出了邀約，那是生命中新奇的體驗，一個我們似乎知道卻又陌生的地方。在能理解的地理空間上，北極，是一個比遙遠更遙遠的地方，一個無法觸及又超乎神祕的空間，北極熊、冰屋、伊紐特人、雪橇犬……是立即會浮現的圖像，沒有更多了。但每個人生命中總有意外，這種魔幻邀約反而讓我有機會張開觸角，愈陌生愈有所期盼，因爲它爲我平凡的生命開啓了另一個視窗。

歷經種種，我在二〇〇八年完成了磁北極冒險之旅，記錄台灣三位冒險家劉柏園、林義傑、陳彥博的紀錄片。從北極回程溫哥華的慶功宴上，我突如其來問了同行夥伴：「我們什麼時候去南極啊？」當下大家楞了一會兒，然後喧嘩起哄說：「去啊！哪一次不去，就約嘛。」

生命就是這麼神奇，一個隨口的玩笑在事隔十年後竟然成眞，二〇一八年，我再次接到橘子關懷基金會的邀約，這次我們的目標，是地球南北相隔兩萬公里之外的另一個盡頭——南緯九十度的南極點。一南一北，地球的兩端，冥冥之中，沒想到時空的軸線居然爲我的生命串起了這兩極，不但穿越三百六十度的經緯線，也意外釐清了我生命的新軸線。

去南極，對於體能與拍攝作業都是極大挑戰，我之所以答應，不只是因爲地理空間上的好奇——偏執的我一直認爲圓滿生命的構成，應該是一種「雙生」的圓滿。這個世界一定持續相互拉牽著，一南一北的南北極就像拔河一樣，兩條線看似互相對立，但一旦兩點使力，線自然能挺直，產生力量。

我無以名之的認爲生命總是「兩兩」，你可以說它是兩兩相生、兩兩相望、兩兩相依、兩兩相對、兩兩相剋……就像太極的兩儀相生，陰陽互換一樣。有趣的是，你會發現宇宙萬物的運作，都是兩兩呼應，就像南極，在它還沒有被發現前，科學家們都臆測未知地球的南端，一定有一塊面積質量和北半球一樣的土地存在這世界上，因爲這樣地球才有辦法平衡。

宇宙運行的兩兩，十年前的北極邀約，十年後的南極邀約，即使時空交錯，會不會讓我的生命狀態也拉出一條更有力量的直線，突破當下所遇到的瓶頸？我的憂鬱情緒，我的家族陰影，我的創作強度停滯……，會不會也因爲有了這兩個著力點而清晰了起來？我相信生命軸線一旦拉直，即使不安上下震盪，人生必然會發生劇烈的改變。南極神奇的邀約，必須讓它發生。

也許是強迫或偏執性格使然，凡事我一直很介意是不是雙數，事事我都喜歡互相呼應，拍片如此，作筆記如此，家中燈具裝修的數量也是如此。對我而言，奇數只能是起點，生命的段落必須落在雙數，才能創造無限的可能。兩兩，也變成了我生命創造的新軸線。

二〇一八年，北極冒險之旅的十年後，另一端的南極之行，就這樣誕生了！

PART 1

我生病了

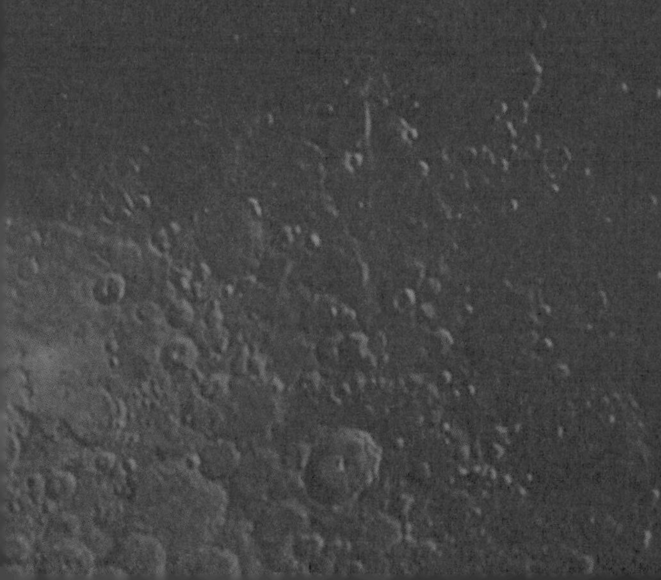

羅斯冰棚之下才是真實的冰山世界，像意識底下藏著的那九十%的心理冰山。

Chapter 1

冰山下的恐懼

人怎麼會要到生病才會
想到靠近自己？
你又要如何靠近自己？

宇宙星辰浩瀚，南極上空最迷人的傳說，據說有個巨大入口，是通往宇宙光年的時光隧道。

有人說那是僞科學、是迷信，但對於未知採取全然地否定不也是一種迷信嗎？「迷不信」，會不會也是一種迷信？

二〇一八年的南極行，緣起是橘子關懷基金會要替位處南極點（South Pole）的科考站，護送宇宙天文望遠鏡所需的零件，請我負責拍攝活動紀錄。

從小我就對宇宙、黑洞、時光隧道等人類無法完全確認的天文科學非常迷戀，爲了做足功課，我特地到台灣大學物理系吳俊輝教授的博士班旁聽。吳教授是英國物理學家史帝芬·霍金的學生，那天他剛好講授到宇宙太初的原型——一百三十八億年前的宇宙大爆炸。在一群博士生中，我顯得十分突兀但還是裝得頗爲專業，記得當時我問的第一個問題是：「爲什麼宇宙大爆炸不是發生在一百三十七億年或一百三十九億年前，而是一百三十八億年前？」吳教授很體貼的回說這是個好問題，但答案過於深奧專業，我完全聽不懂。結果沒想到我就此一頭栽進了霧煞煞的「宇宙黑洞」，在隨之邁開的探險步伐中，也步步觸及我多年的「心理黑洞」。

探索就是這麼奇妙。如果不是南極，我或許將永遠無法靠近我自己，也或許早已被自己的心理黑洞吞噬。

我究竟是誰？現實中我的宇宙其實早已爆炸。

二〇一六年初，我突然停滯了，整個心盪到谷底，盪是墜落？是恐慌？是厭棄？還是失了夢想？在幾次自我毀滅式的念頭之後，幸好我有病識感，願意求助及定期服藥，在將近三個月療程之後才稍稍有感，卻也開始擔憂自己是否會像母親一樣，必須一輩子服藥。

那是一段崩解、片段，但能依稀拼湊出的記憶——二〇一六年，北宜公路，九彎十八拐，明明是送女兒上學再熟悉不過的路，我居然錯過了學校大門，偏行了幾公里之後，我回頭把女兒送進學校。回程路上一輛輛呼嘯而過的砂石車，急促狂噪的喇叭聲突然驚醒我，因爲在〇．五秒前我的車偏離車道往對向而去：「會不會這樣就可以平靜了！」我下意識地把方向盤往回打，就再那麼一丁點，就撞上去了。

是發呆？是恍神？還是想一了百了？我一向是個嚴以律己的人，當下自己究竟怎麼了？逃到書房，以爲只要沉靜下來，慢慢就可以釐清自己，但，我對著茫茫白牆，半天沉默，腦中卻一片空白。

母親是超過四十年的重度憂鬱症患者，外婆選擇自殺身亡，家族病史的厚重陰影長期籠罩著我的心。我知道自己生病了！

妻子幫我找了心理諮商師，開始一星期一次的心理諮商，半年後，好心前輩擔心我的病情，介紹我去看台大的精神科醫師，直接用藥物控制。我還清楚記得第一次看診的畫面——在台大醫院悠深古老的紅房子旁，精神科候診室，與我一同等待看診的病友們，在那個狹長的通道上，旁邊明明是鬱鬱蔥蔥的綠蔭，有人沿著牆緣一直走直角繞著屋子轉，不停喃喃自語，有人頭頂著牆面雙手揹在後面……此刻彷彿進入另一個異世界，自己卻突然笑了出來。

——

二〇一八年十一月十三日，除了極地裝備之外，我還帶著二個月份的抗憂鬱藥物向南極點出發，一個未知的旅程就此開啓。

百年來，一陣陣從南極點吹來的暴風，從未停止。

南極是高原地形，四面環海，海面溫度高，氣流的流動是由冷區往暖區移動，所以從南極高點向四面海洋幅射出去的南極風幾乎不曾停歇。這也使得南極的征程，不論你是從南極洲外圍的哪一個點出發，都必須先逆風而上，克服所有磨難與挑戰，但只要你能堅持，抵達高原中心的九十度南極點時，世界就會翻轉。回程時，向海洋流動的南極風，自然會順風送你回家。

二〇一八年南極的征程共四十八天，其中超過四十天面對的是南極點向外肆虐的暴風雪，舉目四望，明明有陽光，卻白茫茫一片，讓人心慌，透出的微光是希望？還是嘲笑似的無望？持續零下四十度的低溫，狀況極糟，但似乎總有更糟的在前方等著。

「如果永遠留在這裡好像也不錯……」暴風雪中，我心裡竟然起了這樣的念頭。我回家的南極風會再吹起嗎？

——

南極，一直是古巴比倫人傳說中的「衆神的居所」，這個世界未知的盡頭，崇高而神祕。平均三千公尺高的冰原上，你踏的步伐，千百萬年來可能從未有人走過，萬年冰封，遺世獨立。

我總以爲極地或是宇宙邊緣，就是最遙遠的地方，其實潛意識裡的病識世界才是。我雖不怕別人察覺我的憂鬱，但每當旁人熱心的關懷來襲，我只想趕快逃脫。莫名所以的情緒失控，無名的心慌，這時的我，想逃！逃到最遙遠的地方。想掙脫！掙脫自己，及所有人的目光。儘管明白衆人是基於關心，但那樣的關心只會讓我繼續下沉，越來越小越來越小。

極地探險，在冒險家眼中一直是最潔淨、最孤獨的受苦方式。

在極地，任何道路都比條條大路通羅馬的人間路更寬廣，因爲它根本無邊無界；極地也比任何修道院更孤絕，因爲即使你走了一個月，也遇不到任何人類甚至生物。冰雪白茫茫的大地，清冷的空氣稀薄到只剩下渺小的你，和未知的自己。

——

過去那麼多年，我的工作都是在呈現或詮釋別人，這是作爲紀錄片工作者的使命；反之，我很少把目光和思緒停留在家人身上，甚至自己身上。描述別人時，我簡潔明快、清晰易懂，但，我卻無法清楚描述自己……我，是不是生病了？

察覺到無助的自己，心想，如果能因爲啓程到另一個世界的盡頭，或許會出現另一種生命體悟也未可知。儘管情緒在憂鬱焦躁之間擺盪，但我想要探詢世界的性格並不遲疑，也是心中僅存的正向動力。想想，人若是把自己放在更大的宇宙中，在無邊無際的南極裡，會是什麼樣子？我不再糾結，決定踏上南極。

我想勇敢面對那個我曾認識的自己，也想見見那個我從不認識的楊力州。

——

平均零下四十度的極寒，萬年冰封的大地，生存是想像不到的險惡，甚或生存此一詞彙在南極根本是不可控的。但正是因爲險惡阻斷了人跡，意外保留了人類的最後一塊淨土。而生病於我，看似也是一場災難，但在災難背後不也隱藏了一塊淨土，一塊更靠近自己的淨土？

很多人生病之後，才開始思索自己的過去、現在和未來，但，人怎麼會要到生病才會想到靠近自己？你又要如何靠近自己？

南極點冒險，是世界最艱困的一哩路，而人是否
也要到了最極致的險境，才能更徹底認識自己？

「如果不是生病，我將永遠無法靠近自己！」當時的我在工作日誌上寫下這段文字，決定接受這個來自世界邊陲南極的邀請。

未知之旅，意外有著奇妙的指引。

南極點冒險，是世界最艱困的一哩路，而人是否也要到了最極致的險境，才能更徹底認識自己？是因爲死亡就在身邊，所以才深刻意識到生的存在嗎？

此刻，我正站在南極最奇幻的羅斯冰棚（Ross Ice Shelf）與陸地的交接點上。

羅斯冰棚是世界最大的冰棚，位於南極洲的愛德華七世半島和羅斯島之間，東西長八百公里，南北最寬九百七十公里，冰棚面積相當於一個法國大。它不但是著名南極挪威冒險家羅阿爾・阿蒙森（Roald Engelbregt Gravning Amundsen）與英國上校羅伯特・法爾肯・史考特（Robert Falcon Scott）一九一一年首度進入南極的起點，也是我們記錄這次「台灣前進南極點長征隊」進入陸地的起點。

羅斯冰棚是最奇譎的造物景觀，冰棚不是陸地，而完全是內陸冰原流到海中的冰晶，經過數萬年歲月淬鍊，拔地而起形成陡峭的冰障，臨海看得見的就有六十公尺高，而冰棚下看不見的更深達七百五十公尺。當所有人都抬頭讚嘆造物奇景時，其實羅斯冰棚之下才是眞實的冰山世界，岸上奇冰已十分偉岸，但海面下九十%更是深不可測的冰山。

在南極，當我為萬丈拔起的冰壁之雄偉而讚嘆時，我也意識到潛藏在意識底下那九十%的心理冰山——這麼多年來，我究竟藏了多少不可說，藏了多少害怕，害怕讓我不敢面對，執著讓我不明白，別人對楊力州的定義也讓我深陷漩渦。

心理分析有一個著名的薩提爾「冰山理論」，一般直觀上我們只看見一個人外在水平面的部分，就像極地看得見的冰障一樣，其實外在顯露的只是個人完全行爲中的一小部分，九十%潛藏在水平面下看不到的部分才是人眞正的內在。我意識到，南極冒險之於我已不再只是人生行路上的冒險，這段路途更是冰山下自己未知的心路冒險，向內的自我探尋。

——————

每一個人都是月亮，總有一個陰暗面不讓人看見。如果感受不到這個陰暗面倒也相安無事；如果隱約知道但假裝它不存在，總會在某些時刻，或許是你最脆弱或無助時席捲而來。面對這樣的全面來襲，我們多是措手不及，於是它奪走你所有的肯定，你變得更不愛自己……孤獨需要勇氣，面對自己的脆弱更是。既然陰晴圓缺都是我們的一部分，那爲什麼我們無法面對陰暗呢？

我告訴自己，如果我不想像醫院長廊上繞牆走直線直角的病友那樣，我必須先掀開自我的陰暗面，其實我隱約知道裡面是什麼。如何克服我的無措，梳理糾結，面對冰山下眞正的恐懼，有如南極冒險一樣勇敢逆風而行？

心中，有很多遙遠的枯寂之地，如同南極。藉由思索及書寫，我一步步梳理心中冰凍許久的祕密。

現在，我孤身站在南極奇幻的羅斯冰棚上，前路白雪茫茫，一望無際。我知道接下來最困難的旅程，永遠不是攝氏零下四十度的狂風暴雪，而是我敢不敢放手，探詢冰棚下九十%未知的自己。也許一旦到達南極點後，我會逐漸明白。

「嗨！歡迎來到南極，
這裡優雅、殘酷、偉大，
然後你會受苦，
在我的電影裡死過一回。」

南極紀錄片《無邊》完成後，我與同事們整理出行銷宣傳的核心想法，這麼看似孑然誓死如歸的宣傳詞，絕不是因為南極的危險，而是一種真心要跟過去的自己徹底道別的吶喊。

楊力州的自我診斷書

● 南極之行，讓我無法再避開冰山之下的人生課題

◉赤裸真相

我是一個創作人，多年來對於自己的作品，不論是探討青春少年熱情的《奇蹟的夏天》、老人失智的《被遺忘的時光》、災難記憶與台灣新移民的《拔一條河》，還是探討父子關係的掌中戲《紅盒子》……，我非常堅持「不能在任何一部片『失守』」。在創作上追求完美的性格，追求真相變成一種習慣性的精神煎熬。

當不願失守的完美性格遇上創作議題上不知道的真相，真相有時是嚴峻的、赤裸的、殘忍的……我準備好了嗎？我能承受得起嗎？

人生最大的課題，就是必須面對巨大的真相。但逼視真相，就像南極刺眼的強光，我們的鏡頭必須使用ND1000的減光係數，才能睜開雙眼看見世界，但每個人能有多強大的心靈，去接受人與人、人與世界，甚至自己，不被看見、刺眼的、甚至不堪的一面？

◉命運複製

原生家庭的憂鬱因子，始終像一條傀儡線牽動著我，我不願完全被命運如掌中戲般左右，又十分擔心生命基因終究會複製；不甘心造化弄人，因此想努力證明「我」獨立的存在。但夢魘依舊，情緒不對勁了，想逃，逃得遠遠的，到世界盡頭。但人真的能擺脫宿命嗎？我逃得了嗎？

◉自我內耗

南極永晝擁有全世界半年永遠不落的太陽；而我總被稱為「陽光導演」，嘗試在每部紀錄片中找到一縷光。工作、職場、關係……無不如此。然而人生有起有落，英雄真的是英雄嗎？悲劇英雄就不是英雄嗎？成與敗、非黑即白，二分法的價值衝突一直困擾著我。我是誰？我過不去的糾結是什麼？自我否定產生嚴重內耗，當人生遇到谷底時，當陽光照不進角落時，我該怎麼走出去？

◉聚散有時

人跟人的聚散，自有因緣，就像南極冒險途中我遇到意外的訪客——賊鷗。我的人生拍了很多部紀錄片，遇到很多人，但很多時候，牽掛讓我放不下，聚散總讓我悵然。別人的人生，也會是我的人生嗎？我一直提醒自己，每個人都有自己的人生，我的任務就是陪伴，家人也好，被攝者也好，每個人應該都是獨立的生命體。一旦面對現實，我知道我無能為力也無法處理，但我又會有很多種投射，那條情緒界線為什麼這麼難分難捨？

◉不願放手

我真的這麼好嗎？我真的很愛身邊這個人嗎？這份工作真的適合我嗎？我的人生就這樣了嗎？我的未來還有下一個可能嗎？人生追求，難的不是直接放手高飛，而是一直在安穩中擺盪，以為不放手就不會失去。殊不知就像馬戲團的空中飛人，不放手何以飛翔？但人總是瞻前顧後，害怕失去。我的人生冒險還有戲嗎？我敢大膽放手嗎？我真的可以自在飛翔嗎？

◉生死恐懼

生死的課題從小一直困擾著我，外婆是喝農藥自殺的，我小學三年級大白天就真的見到鬼，有一個流傳在當年小學生間的都市傳說，說這樣的人活不過十九歲……可以想見死亡陰影如何陪伴我整個童年及青少年期。小時是懵懵懂懂的害怕，長大後我可以重新選擇嗎？是直接面對南極非生即死巨大的恐懼？還是相信置之死地而後生？死亡真的只是生命的終結嗎？還是有另一種哲學上所謂「死亡的高貴」，它可以讓精神穿越死亡而得以重生？

Chapter 2

經緯線

南極，
是三百六十條人們約定的經線之起點，
也是終點。

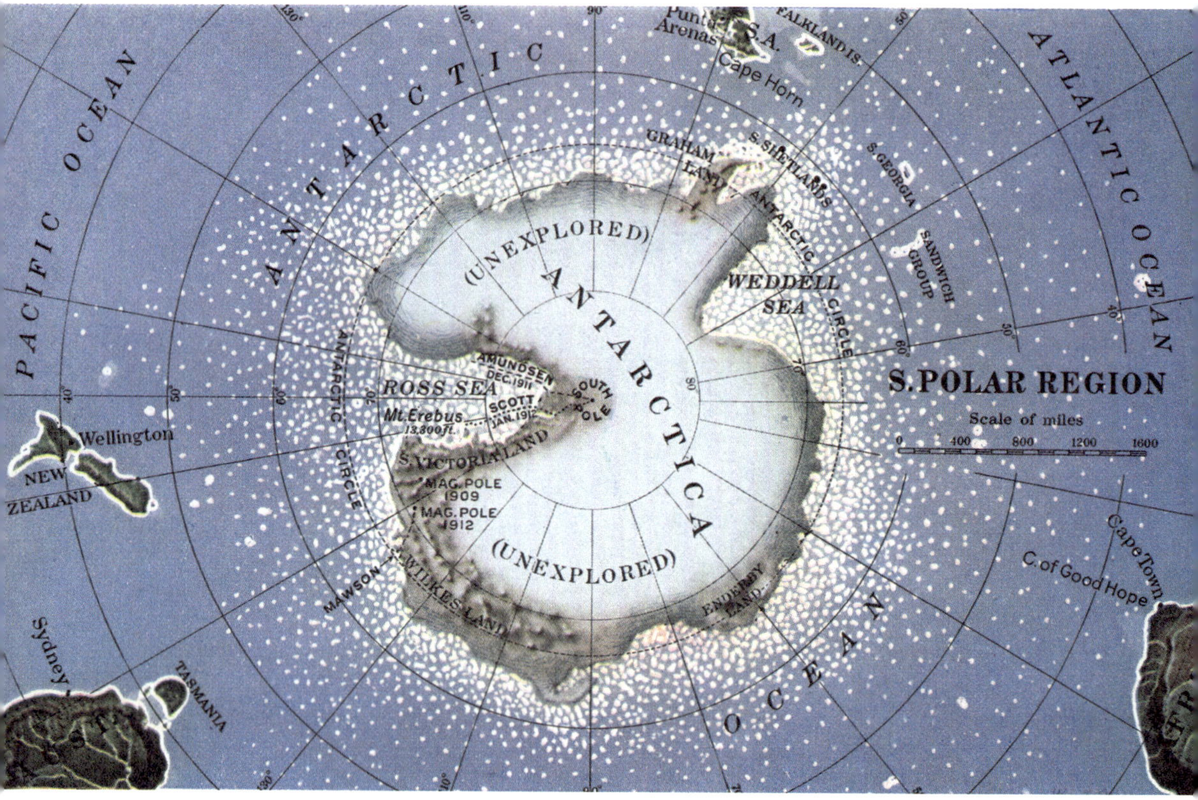

阿蒙森與史考特遠征南極點路線仿古地圖，1925。
圖源｜ GraphicaArtis/Getty Images，Discovery 提供

世界盡頭的「南極點」，看似是所有冒險家心中無比神聖又遙不可及之地，但此處也被人為安排作為地球三百六十條經線的起點和終點。三百六十條經線，從此幅射出千絲萬縷的真實世界；走過大千世界後，最終也將匯聚於此，萬流歸一。

世界千絲萬縷，有花草、有萬物、有潮汐、有山河、有日升月落，波瀾起伏；人生千絲萬縷，有眾生、有人情、有壯志，更有矛盾、有困惑、有遺憾，萬千情迷。

二〇一八年十一月，我決定向南極出發。我幻想，到了南極點，或許就能一掃過去人生的疑惑，開啟波瀾壯闊的新世界。

二〇一八年十一月二十七日，看來又是風雪肆虐的一天。

攝氏零下二十二度，南極冒險挑戰的第八天。從聯合冰川（Union Glacier）出發之後一路風雪，原本預計五天車程就可以到達海岸和陸地的交接點，也就是我們要開始徒步滑雪、挑戰南極點的起點，但一場場說來就來、風速高達三十海里（相當於強烈颱風等級）的暴風雪，讓原本平坦的積雪高原產生嚴重的風蝕現象，陡峭的波浪狀地脊地形，讓車行困難重重。

我們的行程開始嚴重延遲，此時所有人五臟六腑因爲長時間車室激烈抖動，胃裡的食物早已回衝到口腔，爲了不影響車行也只能強迫自己把嘔吐物再嚥回胃裡，內心也因焦慮而翻天覆地。計畫雖已大亂，大家卻沉默無聲，沒人知道前路接下來會發生什麼。

二十七日那晚，我做了一個夢，夢見我之前拍攝紀錄片《紅盒子》的國寶掌中戲大師陳錫煌去世了！

帳外是永晝，白得如夢似幻，帳裡的夢境，眞假得彷彷彿彿，我從夢中突然驚醒！風雪讓我恍惚，雖知夢就是夢不能當眞，但心中不自知的深處，到底有著什麼牽絆？

出發南極前，《紅盒子》還在院線上映中。在華麗的布袋戲舞台背後，本想記錄傳統掌中戲大師的技藝與傳承，但記錄到最後，我心繫的卻是大師父子天天在一起搬戲，但最終父子之間的「無話可說」。我記錄了十年，一直在等待一個答案。

帶著似明未明的疑惑，來到全然未知的大地，迎接我的，依然是南極雪盲般的暴風雪，也讓我進入了人生另一段不可說的旅程。我的南極行囊，除了極地裝備，也背負著多年來累積的心理糾結，一旦自己獨處，記憶如潮水般湧來，舉目四望依然白雪一片，寂靜無聲。

沒想到南極冒險最核心要面對的不是南極，而是我自己。

二十七日那晚的南極一夢在告訴我什麼？或是我要告訴自己什麼？訊息來自父親？還是母親？

在人生千絲萬縷的經緯線上，有一條隱形的家族隱憂，一直困擾著我，揮之不去。我的外婆喝農藥自殺，我的母親持續服用抗憂鬱藥物超過四十年，在這條母系血液裡究竟存在著什麼

樣的「我」？

從有記憶以來，母親是「無聲」的，彷彿從不存在。母親和人的關係，總是淡淡的、淺淺的……淡到幾乎沒有痕跡，輕到像空氣般不存在。在我記憶中，她會把關好的櫃子，幽幽的用手一再撫摸，像是想撫平每個邊角，然後嘴中喃喃自語。從小我就覺得這舉動怪怪的，沒想到後來在我身上也有雷同的動作，以及更多的自言自語。

母親是很傳統的女性，幾乎沒什麼話，沒什麼朋友，沒有娛樂，沒有夢想，唯一的一技之長就是縫製衣服、修改衣服。她的存在，對於這個世界，無聲得彷彿從不存在。在我大學三年級時，母親頻繁進出醫院，她的憂鬱症嚴重到無法出門，我當兵時好不容易盼來的軍中探親日，母親幾乎是鼓起了巨大的勇氣，才由我父親和弟弟攙扶著來看我。

我很難透過文字或描述表達我內心的恐慌。不論在北極或是在南極，愈寂靜無聲，愈空曠四野，那些無聲的畫面就會跳出來。既是擔心與糾結母親後半人生的病情，也擔心家族血液裡的陰影會不會不斷地複製成爲詛咒，我的憂鬱情緒是不是也正走在這條隱形的線上。

那父親呢？與母親截然不同，他瀟灑飄撇，年輕時留著一頭長髮，拿著吉他自彈自唱，還會自己土炮式的錄製專輯。他是來自彰化溪湖鄉下的自耕農，爲了給我們家更好的生活，很早就帶著一家四口北上，在台北周邊的鄉鎮鐵工廠裡遊走討生活。

從自耕農到鐵工廠工人，爲了糊口被現實壓抑的他，從小最大的夢想其實是當畫家，他可以把人物畫得很像，神韻絲毫不差。在我國小時，父親辭了藍領的勞動工作，開始在板橋鬧區騎樓底下畫肖像畫，一筆一筆勾勒描摩，靈魂的眼睛、中柱的鼻子、細細的髮絲，無不維妙維肖。

父親與母親。

父親年輕時會拿著吉他自彈自唱，最大的夢想是當畫家，後來曾以幫人畫肖像畫為業。

考進復興美工投入繪畫世界，
或許源自我一直在形塑心中
想要的「理想父親」。

父親與我，無法言說的情感千絲萬縷。

國小到國中期間的同學來我家看了這些肖像畫都會嚇一跳：「難怪力州也那麼會畫畫。」高中時期，是父親肖像畫生意最好的時候。那時剛剛開放大陸探親，許多老兵拿著老家墳上翻拍的父母照片請我父親畫肖像畫，因爲父親的畫栩栩如生，生意好到我媽也要下手幫忙畫背景、衣服、髮絲。

那時我家客廳有一整面牆，貼著滿滿四、五十張老人的肖像畫，有完成的，有畫一半的，有畫了眼睛沒有嘴巴，有的有頭髮沒有眼睛，一張張就貼在牆上，他們都是死去的人，風一吹，白紙飄飄，一張張的臉孔就這麼動了起來。

我不知道這是不是母親之外另一條父親隱形的線牽絆著我？我從小就很會畫畫，國中時總是代表班上征戰大大小小的繪畫競賽，得獎稀鬆平常，但我卻談不上喜不喜歡，隱隱約約只知道畫畫是父親的夢想，而我認定我可以幫他完成。

雖然我對繪畫是不是我的生命選擇感到遲疑，但它卻不斷爲我贏得社會肯定，尤其是父親的肯定。高中時我考進復興美工，高二的我，畫了一幅八十號的大型油畫參與校內的展覽，那時《聯合報》副刊主編瘂弦到學校來參觀，幸運的我被邀請爲聯合副刊繪製插畫，十六歲的我，一下課就背著書包趕著晚上七點前送插畫稿件到報社。當時業界最赫赫有名的就是《中國時報》副刊的插畫家林崇漢，不可思議，我居然可以跟大師打對台，那個十六歲的我。

在一堆遺像畫中長大的我，那些幽魂是否也從沒離開過？

慢慢長大慢慢走進繪畫世界時，我才意識到同樣是畫，爲什麼學校老師的作品或藝術家的畫，可以高掛在華麗的藝廊、美術館裡，爲什麼我父親的畫，只能低調悲傷的掛在靈堂或靈車前。

人，最怕的就是「知道」。我，開始不對勁，開始瞧不起父親的工作，自卑自己的出身，我斬斷了所有聯結，從此不再讓同學來我家。一扇扇通往親人、朋友、自己的門，一律自動關上，我甚至把父母親都藏了起來，絕口不提。

但「知道」，不一定就是「明白」。

我在害怕什麼？在南極看著無盡的白，讓我明白，多年來，我一直以爲自己是爲了填滿父親想成爲畫家的遺憾，所以就這樣一筆一筆的畫出世界，殊不知這個世界是虛擬的。父親從未施加壓力在我身上來滿足自己的遺憾，這麼多年來我一直在形塑自己心中想要的「理想父親」，因爲明白他做不到，所以只能由我自己扮演。我萬般渴望父親的畫能掛在華麗的藝廊、美術館裡，而不是哭聲充斥的靈車前。

但，這到底是誰的願望？

大學一年級時，我得到台北縣美展水彩畫首獎，八萬元的獎金在那個時代是一筆鉅款，當下，我隱隱知道這是一個契機。

人生就是這樣，常常一瞬間不知不覺就轉彎了。我用這筆獎金去買第一台攝影機，Panasonic AG-460，一開始是有了理由拋棄畫筆，不知爲什麼，後來便決絕地不再碰畫畫。

當時我只有二十一歲，是個執意堅持自己「要」或「不要」什麼的年輕人，但卻一切都還說不明白。**也許潛意識裡，我想跟過去的自己徹底斬斷，我要自己做決定，走自己的路**——儘管事實上從來沒有人幫我做過決定。

沒想到南極冒險最核心要面對的
不是南極，而是我自己。

南極的乾淨，南極的一夢，讓我明白，我似乎理解了《紅盒子》裡的父子情結，其實是想解開我一直自以爲的「理想」父親形象。

《紅盒子》裝著什麼祕密？看起來是戲神田都元帥的藝匠精神，但當我打開盒子，出現的卻是父子間綿密幽微的情感，千絲萬縷卻又說不明白，但這無法言說的，也許才是答案啊！

一整面牆貼滿四、五十張已逝老人家的視覺記憶，佔據了我整個青春期。當時的我不知道心理療癒是什麼？該怎麼做？而南極的這個夢究竟意味什麼？

在到達南極那天晚上，我又做了一個夢，夢裡牆上四、五十張肖像畫動了起來，風來了、飄飄然，他們同時對我微笑，但我已不再害怕。

———

在生命同行的過程中，人與人之間有太多的不可說、不明白，但在雪白的南極，有機會能沉靜下來。以往拍攝紀錄片的關係，我一直提問，一直想從別人口中得到答案，但此刻我明白了，世間種種因緣，有時沒有答案可能是最好的答案。我也開始明白，我最需要面對的從來不是別人，而是自己。我想到自己、想到家人、想到過往種種，尤其是，我的母親。

在南極，人與人、人與環境、人與宇宙都是無言無聲的，跟繁華世界對比顯得格格不入，但我的母親就是那樣安靜的存在。在南極靜謐大地下，「母親」細膩的質感、質地，就像我母親會輕撫櫃門角邊一樣，看起來是無意識的動作，於我卻是一種無聲無形的安定、安慰。「大地之母」更是萬物包容，沒有聲音，靜看世間變化，就像我母親一樣，無邊、無際、無聲卻存在著。

我拍《紅盒子》，雖然一開始是想記錄布袋戲國寶級藝師陳錫煌的技藝傳承，最終走入了巨大的父子情結，所以英文片名定爲《Father》，同時我也梳理著心中「理想父親」的誤解。而南極紀錄片《無邊》，鏡頭從無聲無息的自然環境回看家族遺傳的魔咒，英文片名《Nature of Mother》，就像自然大地之母包容一切，冥冥之中，也療癒了我的母系家族悲傷。

從《紅盒子》的「Father」，到《無邊》的「Mother」，我的生命經緯線也好像慢慢理出了頭緒，儘管它依然是複雜的存在。

南極紀錄片《無邊》的結尾有一個鏡頭，在英國探險隊員全數罹難後，暴風雪遠離，我安排了一段模仿大地之母的聲音說：

「孩子，你還醒著嗎?你們看，暴風雪過去了，你撐過來了，別再像飄泊的小船迷航著，把美好和不幸還給我，在這無邊之境，好好道別，好好道謝！」

我知道我有多麼渴望，渴望我的母親也可以跟我說同樣的話，「孩子，你還醒著嗎?」「你很棒，暴風雪過去了，你撐過來了，別再像飄泊的小船迷航著……」

我知道母親一輩子都不會這樣對我說，但在南極這無邊之境我卻彷彿聽到了她的聲音。過往種種家族的遺憾，我也要還諸大地，和那個糾結的自己，好好道謝、好好道別，輕聲說：

「你很棒，暴風雪真的過去了！」

如果你最大的對手是父親

《紅盒子》影片主要探討的是：「如果，你最大的對手是父親？」

故事主角是國寶掌中戲大師陳錫煌，他是已故布袋戲大師李天祿的長子，有一個巨大的父親，他的人生如何開展？又因為李天祿入贅陳家，父子異姓，李天祿對他始終帶著嚴厲又疏離的情感。陳錫煌十三歲入行，到現在九十幾歲，大家介紹他都還是「李天祿的兒子——阿煌師」。這是個一輩子活在父親陰影下的故事，最後李天祿也把亦宛然傳給了二兒子李傳燦而非長子的他，父子關係不再是愛恨情仇，更多的是「無話可說」，奇妙的父子情結，就這樣糾結一生。

父親是巨人，孩子活在巨人父親的陰影下，卻仍努力想成為父親，終究……，這就是人間真實的故事，也是許多華人家庭的縮影。

父親的強勢、父親的懦弱、父親的疏離、父親的遙遠，這些父親的影子，就像掌中戲一樣，究竟是誰在操弄著我們？

紅盒子裝著什麼祕密？影片中我用了父子聲音重疊的技巧，意外發現李天祿和陳錫煌講話居然像一個模子印出來，在九十五%的雷同度下，兩人同時，父親：「我跟兒子無話可說……」兒子：「我跟父親無話可說……」當兩個音軌重合後，我彷彿明白了，真情無法傳遞卻不斷複製。

數十年歲月的父子糾結，陳錫煌直到七十九歲才成立「陳錫煌傳統掌中戲團」，第一次真正有了自己的名字，他知道，他必須走出父親的布袋戲世界，真正做自己。東西方文學中偶有碰觸「弒父」的故事，「弒父」的儀式是從遵從、模仿到超越「做自己」的儀式，雖然兩代巨人的親情「無話可說」，但也許那就是那種最隱諱又說不明白的愛。

說不明白的愛，經過南極大地暴風雪的洗禮就釋然了。也許，每個男孩都要出生兩次，一次是母親的子宮，另一次是離開父親的國度，唯有這樣才能長大成為真正的自己。

在這無邊之境，我和那個糾結的自己輕聲
說：「你很棒，暴風雪真的過去了。」

PART 2

出發，面對真相

圖源｜ NASA，Wikimedia Commons

Chapter 3

神祕南極

在深邃未知的邊界，
一定有著一個不一樣的「全景世界」在等著我。

我生病了，沒想到南極也生病了！

不論是人心靈的創傷，亦或大地被掠奪的傷痕，如果我們能有勇氣直視真相，面對不願面對的傷疤，也許就能找到下一個生命的出口。

二〇一八年十一月十三日，這是一個我生命中非常獨特的日子，「台灣前進南極點長征隊」從台灣桃園機場出發，行經洛杉磯、智利的聖地牙哥一路向南，輾轉飛到了智利最南端的城市——蓬塔阿雷納斯（Punta Arenas），一番修整補給後，五天後，十一月十八日我們正式開始南極的冒險旅程。

在智利軍機場出現在眼前的是前蘇聯的老運輸機——伊留申七七型，這架二戰時期的軍機沒有空姐與空少，當然也沒有服務，只有五位來自白俄羅斯的機務人員。機上的的馬桶無法沖水，每個人的排泄物只能一直堆疊著，這段半日航程正式宣告這將是一場不一樣的體驗。我們不得不正襟危坐，挺直脊梁，就像要出征的勇士，鼓舞自己迎向未知之地——離家一萬三千公里的南極大地。

伊留申七七型重型運輸機飛越德雷克海峽，沿著南極半島西側，穿越埃爾斯沃思山脈（Ellsworth Mountains），五個多小時後，我們在南極最大的藍冰區——聯合冰川營地（Union Glacier Camp）降落。

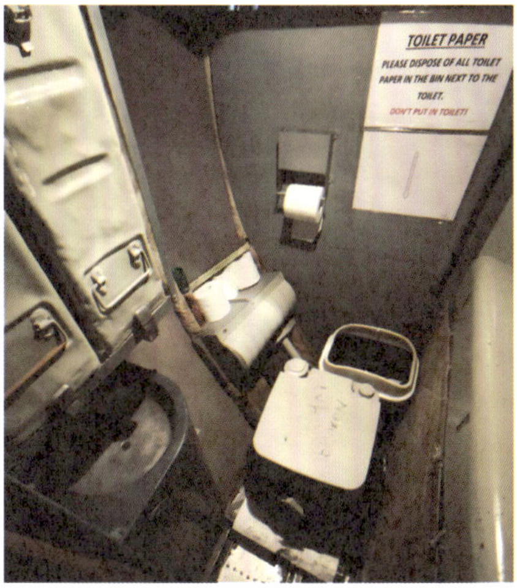

前蘇聯的老運輸機，伊留申七七型內部。

藍冰極美，美得像神話傳說。Blue Ice，千年冰雪經過歲月擠壓，形成巨大冰晶，折射出純淨無瑕的藍光。也因爲擠壓所以密度高硬度夠，才能讓重達六十公噸的龐然機械怪物降落在這遺世獨立的大地上。

飛機一落地，站在南緯七十九度、東經八十二度的聯合冰川上，我知道，這一步，我必須往前，不然未來我將動彈不得。

去做害怕的事。

———

出發前我因情緒困擾持續看心理醫生，而家族的憂鬱症陰影也讓我慢慢的自我封閉。多年來我困在局裡，就像宇宙黑洞致命的引力一樣，愈來愈沉重，愈來愈闇黑。

此外，我還有遺傳的高血壓毛病，每天除了血壓藥之外還要吃阿斯匹靈來擴張血管。當醫生知道我要去南極，特別給我預備了硝化甘油舌下錠，以備緊急時使用，並囑咐我，「一旦發生症狀，服完藥後三十分鐘內必須立卽送醫。」但白茫茫的南極大地根本沒有醫院，從南極的任何一個點坐飛機送去鄰國的洲際醫院，至少要五天。

有用？無用？看著這些救命藥，我的心裡浮現了問號。

一直以來我很服膺技術權威，比如科學家、醫生等，在我的世界裡他們代表專業、權威，他們的言語詞彙很容易讓我安心或焦慮，但在南極這個場域他們卻無法被依賴，專業、權威的巨牆在這裡瞬間崩解。一切歸零，沒有依賴、無法期待，大至生死，小至吃喝拉撒，所有一切都需要自己面對。

世界太大，文明太長，宇宙太浩瀚，生命需要謙卑，不論看待宇宙、看待世界、看待他人、看待自己，尤其是看待廣褒的未知……我帶著這樣的心理準備，出發了。

出發前，我的憂鬱情緒偶爾會陷入莫名的恐慌，一如南極「尖叫六十度」的失控。

「尖叫六十度」（Screaming Sixties）指的是南緯四十度到六十度之間，因有大氣向東強烈的氣旋，相當於七級颱風，西風及繞極流自成漩渦，一直以來形成南極的天險，讓探索南極者必先闖過「咆哮的四十度，狂暴的五十度，尖叫的六十度」。自從一四九二年哥倫布發現美洲新大陸後，各國探險家南極冒險之心更蠢蠢欲動，前仆後繼想要征服地球上最後一塊新大陸，卻一直很難越過「尖叫六十度」。

狂嘯的天險，讓人類進入第七塊大陸——南極洲——的步履蹣跚，卻意外為南極保留了這塊最後的淨土。「尖叫六十度」看似是魔咒卻是自然屏障，也許老天早已看透人類破壞自然、爭奪資源和覬覦貪婪之心。

而現在全世界也只剩這一個地方，它屬於全世界人類所共有，它不屬於任何個人，任何國家，任何強權，只屬於致力科研維護地球和平生存的人——它是南極。

聯合冰川營地位於南極最大的藍冰區。

南極，是世界盡頭，也是地球上最後一塊被發現的新大陸。

自哥倫布之後，西方冒險家走了三百年，才在一八二〇年由俄國探險家法比安・戈特利布・馮・別林斯高晉（Fabian Gottlieb von Bellingshausen）眞正登上南極芬布爾冰架；但走到世界盡頭最後一哩──南極點，又再過了近百年，遲至一九一一年挪威冒險家羅阿爾・阿蒙森才眞正成功插旗南極點。

亙古的冰雪大地上冒險家的腳印，雪跡斑斑，人類冒險之心，一步一步走得驚心動魄。

在我尚未踏上這片未知大陸前，不論是地理南極還是歷史南極，都讓我大開眼界。南極終年冰雪，是霍皮人傳說中的「白色大陸」，總面積一千四百萬平方公里，幾近美國加上墨西哥，占地球陸地十分之一。這裡是世界上最冷最乾燥的地方，最低溫可達攝氏零下九十度，冰蓋厚度至少二千公尺，最厚達四千公尺，四周終年南冰洋環繞，積雪成冰。這裡有世界上最大的冰棚，地球上九十％的冰、七十％的淡水都來自這裡，極寒以至於無人能常年居住，也意外保留了人類最後一塊淨土。

出發前，我對於南極各種傳說十分著迷，好奇爲什麼一個那麼遙遠的國度充滿了神祕？我想是因爲陌生，因此被人類附加上各種奇思怪想吧！

有人說，它是古神話中諸神建立的蛋島，也是《山海經》傳說中「羽人」和「不死民」到過的「丹丘」（指沒有夜晚永遠是白天）。也有人認爲它是消失的亞特蘭提斯，Google地圖上這裡有隱藏的阿努納奇人臉和古文明的金字塔。更離奇的是傳說南極冰蓋下隱藏了希特勒建立的亞利安城，同時也是「地心人」和UFO「外星人」進出的基地，甚至是另一個平行宇宙的入口……其中比較接近科學論述的是，這裡傳說比較容易接收平行宇宙濤微中子（Tau neutrino），並可使之直接穿越地球；儘管傳說言之鑿鑿，但確定的是，這裡是科考人員觀察宇宙大爆炸的絕佳地點。

神話、文明、科學、物理、宇宙……這麼多神祕、懸疑、傳說都聚焦在這塊白色大陸上！

從古希臘哲學家亞里斯多德的《天象論》開始，哲人都相信南方存在一塊神祕的大陸。科學家則推測，南極最早並不是如今白茫茫一片的冰雪大地，早在一萬多年前，當時的南極大陸位在赤道附近，不但鬱鬱蔥蔥、非常溫暖、有很多史前生物，而且還有一個智慧極高的古文明。姑不論對錯，相對論之父愛因斯坦也認爲，早在一萬多年前，北極不在北極點上，而在今天的加拿大北海岸附近；南極也不在南極點上，而是位於溫帶地區。但是因爲地殼變動或地磁極翻轉，讓南極大陸漂移至今日的地球底部，連帶曾經存在的南極古文明也從此消失覆沒。

這眞是天翻地覆的人類大歷史——在氣候鉅變的今天看來更像是某種警示，不論是寓言還是眞實。

深諳宇宙密碼的愛因斯坦曾說，宇宙的一切都是最好的安排。南極神祕國度究竟隱藏什麼祕密？二〇〇八年我去過世界盡頭——北極，不知是上天什麼樣的安排，在我人生最低谷、憂鬱情緒最嚴重時，十年之後的二〇一八年，我又出發到世界另一個盡頭——南極。

向北，我的肉體走入世界極寒之地，向南，我的心靈走進了南極之心。

這場南極冒險，就像拍紀錄片一樣，有兩個重要角度：一是透視已知，二是探尋未知。

我相信世界經緯度交織出的世界絕不是只有一個線性時間軸，它有各種歷史軸、生物軸、物理軸、科學軸、神話軸……，甚至上帝的視角，如果我們夠謙虛，在深邃未知的邊界，一定有著一個不一樣的「全景世界」在等著我。

我很喜歡電影《雷神索爾》裡的一句話：

「在你們的世界裡只剩科學，但在我們的世界裡，有科學更有神學。」

工業革命後，人類世界都跟著理性科學走，科學如此、醫學如此、教育也如此，但世界之大，宇宙之大，我們眞的能靠理性思維證明全知嗎？冒險，其實是最難走的路——是謙卑地走過已知，勇敢地探尋未知。

我的南極行，一直都不是單純的冒險之旅，從出發前旁聽台大吳俊輝教授的宇宙誕生課開始，我一直希望走出一個已知再加上未知的「全景南極」。已知，是爲橘子關懷基金會「台灣前進南極點長征隊」留下紀錄；未知，是探尋我所不知的南極歷史、科學、生態、玄學、冒險家、甚至我個人的生命軌跡。我希望帶大家看見一個迴蕩在宇宙之間立體的全景南極。

「全景效應」，這是一種從宇宙看向地球的至高視角，很難，但我想試試以這個視角來看今天的南極。

「全景效應」是一種太空人在探訪浩瀚宇宙後回望地球時，產生震懾人心的奇妙心理反應。宇宙的視角可以讓人類重新審視我們原本在意的國界、地域、民族、政治分歧，到底是誰決定的？取而代之是產生強烈的共感，意會到我們其實是唇齒相依的命運共同體。個人命運中的喧鬧，如果從宇宙回望，當然也只是滄海一粟。

然而，人類日益嚴重的政治紛爭、資源強取豪奪、地緣政治的戰火不熄，即使是世界盡頭冰封的南極似乎也未能豁免，這點是讓我十分沮喪的。

我突發奇想，如果權勢者能體驗到「全景效應」至高的視角，人類一切命運會不會就此改變？也許我們應該把各國政要都送到外太空，當他們以上帝的視角重新看見地球時，不知道他們心中曾經爭得你死我活的國界、地域、民族意識，會不會重新改觀，願意為人類留下一片淨土？如果沒這麼想的政客，就讓他繼續飄蕩在宇宙洪流中吧！

出發前，我是一個相信專業的科學主義者，相信實驗、證明，相信科學即眞理，但走過南極你會意識到自己的渺小，開始疑惑：人類把一個小小個體能理解的科學定義放大成宇宙眞理，殊不知這樣的自信是否是另一種自大？若眞有全景世界，它是否更應是包容一切？

對我來說，不論是神學還是科學，神祕的未知其實是一種美好前進的動力，保有未知，才會謙卑，勇敢跨過邊界，探尋不一樣的新世界。

未知，是冒險之心，也是敬畏之心。

就在我們南極探險歸來不到半年，二〇一九年四月十日，史上第一張宇宙黑洞照片就被天文學家用事件視界望遠鏡（Event Horizon Telescope, EHT）拍到了！我們究竟來自哪裡？誰是宇宙的主人？人類在進化過程中究竟犯過什麼樣的錯誤？大自然又如何反撲？渺小如我，湧現的是無比敬畏之心，對宇宙、對自己、對疾病、對人性、對一切未知。

你所不知道的南極

世上許多事物其實都不是我們以為的樣子，只是人們都執著於自己看得見的視角，就認為那是全部。南極，不僅是萬年冰封的白雪世界，也是千古文明智慧的謎樣世界。

我們認知的世界，常常囿於我們已知的歷史軸，甚至地球上的經緯度，但萬事萬物變幻無窮，認知有時就是一個巨大黑洞。而當你願意意識到人類的未知，世界就不一樣了，南極即是如此。

認識南極的長相，得從三張古地圖說起。

俯看南極大陸地形，像極了一個優雅的芭蕾舞伶，輕輕掀起白紗舞裙的一角。

一九八六年，就在白紗裙輕掀的一角——南極詹姆士羅斯島（James Ross Island），發現了史前晚白堊世的南極甲龍（Antarctopelta）化石，這也是南極大陸第一個被發現的恐龍化石，也意謂著南極大陸底下蘊藏著豐富未知的石油。更早在一九一一年，第二個抵達南極點的英國冒險家羅伯特·法爾肯·史考特（Robert Falcon Scott），也在極點附近發現了二億五千萬年前古生代二疊紀的舌羊齒(Glossopteris) 化石。

這些化石證明，曾經的南極，並不是我們想像現在的冰封南極。舌羊齒化石意義尤其重大，因為舌羊齒化石在南美洲、非洲、馬達加斯加島、印度、澳洲都有發現，如果將這些分離的大陸合起來，奇妙的構成就出現了（如下頁圖）。科學家推論在二億五千萬年前，這些陸地曾經是合在一起的，被稱為岡瓦納大陸 (Gondwanaland)。

南極點附近發現的舌羊齒化石。圖源｜ Eduard Solà Vázquez 攝，Wikimedia Commons

但世事沒有永久不變，合久必分，分久必合。古生代以後，陸塊漸漸漂移，歷經二億五千萬年後，南極大陸漂移到現在位置上，氣候異常寒冷，大陸被冰雪覆蓋。這中間究竟發生了什麼，南極文明又為何突然消失，仍是不解之謎。

更不可思議的是，隨著兩張畫在羊皮上的古地圖出世，冰封的南極大陸下似乎還隱藏更多祕密。

出發前，我進行了大量資料的收集，像推理小說一樣探索南極之謎，意外發現了有趣的事。雖然文獻記載一直到一八二〇年人類才真正接觸到南極邊緣，但早在三百多年前、十五世紀的古地圖上，就已精準測繪出與當代如出一轍的南極，這是怎麼回事？

十八世紀以前，若人類從未到過南極洲、甚至不知道有它的存在，那會是誰先畫出了古地圖？奇妙的有了上帝的視角。

這一幅皮瑞．雷斯地圖（Piri Reis map），就是人類未知奇妙的存在。地圖繪於一五一三年，繪製者是土耳其奧斯曼帝國的海軍艦隊司令——皮瑞．

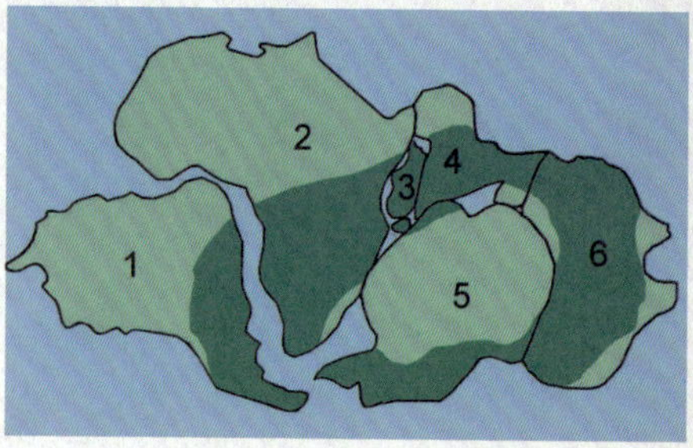

舌羊齒化石發現地點之分布帶（深綠色區域），顯示岡瓦納大陸曾經存在。圖源｜ Petter Bøckman 製圖，Wikimedia Commons

皮瑞．雷斯地圖殘片。圖源｜ Wikimedia Commons

雷斯，古地圖右下方有南極未被冰川覆蓋的毛德皇后地（Queen Maud Land）支叉縱橫的內陸河流，甚至標出了高度——令人不解的是，在沒有任何航空攝影技術協助下，這張古地圖是如何從俯視的視角被畫出來的？

謎團尚未解開，第二張古地圖又出現了，就是奧倫提烏斯．費納烏斯世界地圖（Oronteus Finaeus World Map），它出自法國製圖師之手，繪製時間在一五三一年。地圖主要描繪南極洲大陸延著向南方展開的地貌，南極不但居於右邊中心，佔據的面積也很大。

皮瑞．雷斯地圖及奧倫提烏斯．費納烏斯世界地圖中的南極，遠遠超越了後來冒險家的認知，更不可思議的是，一九四九年，英國和瑞典聯合考察團對南極大陸做了一次深入的考察，測到的地圖及山河數據居然與古地圖誤差只有〇．五經度。難道南極早就存在於地球的某一端？人類之外是否早就有更高文明的存在，只是我們不知道而已？

走在零下四十度的雪地上，一片蒼茫，未知南極徹底顛覆我對世界的認知，人類太渺小，我湧現起無限敬畏之心。

奧倫提烏斯．費納烏斯世界地圖。圖源｜ CC BY-SA 4.0，Wikimedia Commons

神話、文明、科學、物理、宇宙……
這麼多神祕、懸疑、傳說都聚焦在
南極這塊白色大陸上！

人類日益嚴重的政治紛爭、資源強取豪奪與競爭、地緣政治戰火不熄……即使是世界盡頭冰封的南極，似乎也未能豁免。

2018 年 12 月 3 日，台灣前進南極點長征隊在羅斯冰棚與陸地交叉點插下滑雪杖當作起點的標誌。

滑雪徒步走在百年前的阿蒙森路線，有一種時空交錯的感覺。

SONY
4K

這場冒險，是謙卑的走過已知，勇敢的探尋未知，希望帶大家看見一個迴蕩在宇宙之間立體的全景南極。

Chapter 4

南極條約

有人說世界將毀滅於火，有人說毀滅於冰。

——〈火與冰〉，美國詩人羅伯特．佛斯特

〈火與冰〉（Fire and Ice），是美國詩人羅伯特・佛斯特（Robert Frost）最受世界矚目的詩，它道出了人性的困境。詩中毀滅性的火與冰、衝突與矛盾，冰火兩重天，似乎也隱喻著南極未來不可知的命運。

南極大陸看似萬年冰封，沉寂和平，因為《南極條約》是至今世界唯一承認南極是全人類共同財產的條約。南極，不屬於任何一個國家，不屬於任何人，是地球上唯一全人類共有的大地，但這種妥協式的和平究竟是真相還是假象？萬年冰封下的火與冰究竟藏著什麼？

在白皚皚厚厚冰蓋的南極大陸下，至少藏有九十一座火山，高度從一百公尺到三千八百五十公尺都有，這個未爆彈加上氣候暖化的變因，隨時都可能不預期噴發。

人類，最可怕的不是謊言，而是高貴的謊言，就像冰封大地下隱藏的活火山，以和平的假象，深埋戰火。

南極，一個人類最遙遠的國度，真的可以永久是人類最後一塊淨土嗎？

有人曾經把南極比喻成托馬斯・摩爾（Thomas More）筆下的《烏托邦》（*Utopia*）。托馬斯・摩爾一五一六年寫的《烏托邦》，書中虛構了大西洋上一個小島，小島上的國家擁有完美的法律、政府和社會。

這個人類心中企盼的「理想國」原型，沒想到四百年後，意外在一九五九年各國簽署的《南極條約》中實現了，但眞相眞是如此嗎？

歷經一戰、二戰的戰火連連，人們多麼渴望和平，爭執、妥協、爭執、妥協……，但利益當前始終爭執不下，各國都不願犧牲各自認定的南極主權，經過數十回合爭戰，最後達成的協議居然是妥協後的和平，妥協結果暫時凍結南極所有土地歸屬問題，世界各國共同簽訂了《南極條約》，它是這麼寫著：

「**為了保證全人類的利益，南極應永久專為和平目的而使用，禁止任何軍事活動及探勘礦藏。凍結目前領土所有權主張，並促進國際在科研方面的合作。**」

不可思議，人類竟然用「國際法」維護了這片全球公域的和平。全球公域原本指的是公海、大氣層、外太空，最後居然也納入唯一的陸地南極洲，法定這四者都是人類共同財產，不屬任何主權國家或個人所擁有。換句話說，現在的南極，是全人類的資產，這在地球紛擾不斷的主權之爭中是絕無僅有的存在。

在這裏，沒有人種的優劣，沒有國界的紛擾，沒有語言的隔閡，沒有文明污染的破壞，沒有資源的你爭我奪！不管起因爲何，《南極條約》意外展現了難得的「和平主義」宣言，摒除歧視、不公、戰爭和苦難，在世界的盡頭，形塑了人類理想的完美社會。

《南極條約》從一九六一年生效至今已存在超過六十年，但未來還能經得起火與冰的考驗嗎？這場和平會不會終究只是假象？

南極是世界最南端的盡頭，也是世界最遠的「邊陲」。在製作紀錄片時我喜歡記錄「邊陲」。然而就因爲遙遠，遙不可及，人們往往會產生太多成見，模糊了看不見的眞相，不管是記錄南極，記錄社會邊陲的失智老人，還是台灣因風災受難的甲仙，我一直相信，透過生命的叩問，傾聽邊陲發出的聲響，我們仍可以從任何微小的裂縫中，看見微光。

「烏托邦」是不是因爲從來不存在，因而令人神馳嚮往？「和平」又是不是因爲掠奪太難擺平，所以只是人類希冀的假象？

愈接近南極，我愈看到赤裸的眞相。其實南極的和平，一直就像南極的火與冰一樣，完全不是眼前所見。南極主權之爭，一直未曾在冰封大地停歇。十九世紀挪威阿蒙森登上南極點，英國史考特殉難大冰原，英雄探險家一個一個登場，情節一幕比一幕驚心，別看雪山莽莽與世無爭，**在萬年冰川湧動之下，人性的征服之心，也是一場波濤洶湧的國力與主權之爭。**

跨過了十九世紀英雄冒險時代，人類的野心進入二十世紀更是暗潮洶湧。

《南極條約》的前世今生，不得不從二戰說起。當時二戰爆發，世界大亂，這時在看似平靜的南極萬年冰川下，各國也正進行著領土主權大戰。在那個戰火紛飛的年代，英國、阿根廷、智利、澳大利亞、紐西蘭、法國、挪威……紛紛私下暗中占領南極。

我思索著，人類戰亂自始至終都是因爲從權力的掠奪開始。

我們以爲現在和平的南極，一直都是兵家必爭之地，只是各國手法極其幼稚蠻橫。政治家

不鏽鋼球是普世認知的南極點，即「儀式南極點」（Ceremonial South Pole）。
在《南極條約》的「和平主義」宣言背後，這片冰封大地的主權之爭未曾停歇。

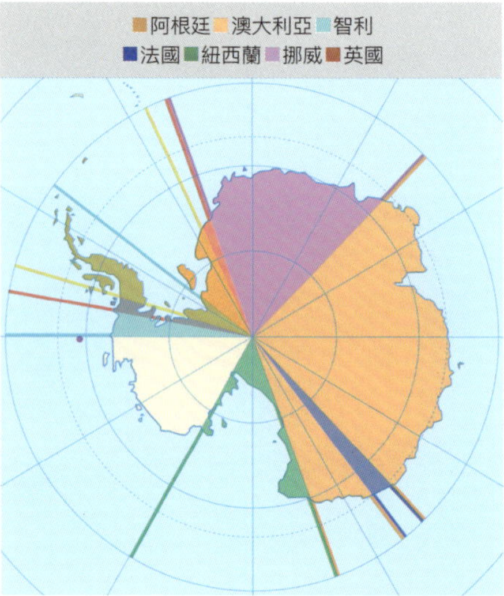

南極是目前世界上唯一不屬於任何國家主權範圍的地方，但在 1908 年至 1941 年間，先後有七個國家陸續對南極提出領土要求。圖源｜ Lokal_Profil，CC BY-SA 2.5，Wikimedia Commons

各國以科學名義，爭相建立科考站，暗流下的南極爭奪戰日漸升溫。

走到台前，不再站在冒險家及捕鯨者背後，爲了維護龐大的捕鯨利益，英國不斷的在南極半島舉行升旗儀式宣示領土主權。更可笑的是，阿根廷居然在南極洲的勞里島（Laurie Island）建立了郵局，用以宣示擁有領土主權。英國接著又在欺騙島（Deception Island）仿照阿根廷建立郵局，以發行郵票並以郵戳爲憑宣示主權。

後進者美國隨後也加入了這場爭奪戰，直接運用飛機探測南極冰下領土地圖，甚至在二戰前後制訂了最大規模的「跳高行動」（Operation Highjump），出動了四千七百人，布署航空母艦、破冰船、飛機、直昇機，全面進入南極。

無聲的南極大陸，出現了占領與反占領、驅逐與反驅逐的激烈競爭。

美國於南極點設立的阿蒙森－史考特科考站，真正的極點標記（左圖）就位於右圖美國國旗前方處。

現在回顧來看，人類能保留南極這塊人間最後的淨土，過程是極度弔詭的。在美國勢力沒有介入前，早有前述七國提出領土主權主張，美國自知是後進者，南極百年領土之爭很難插足，鑒於後進者名不正言不順，又擔心南極洲被各國瓜分，美國總統艾森豪於是決定以國際法更高等級的「科考」名義，與各國協商制定《南極條約》，討論了足足六十多回合，最終於一九六一年定案。《南極條約》因此是一份因國際爭端、領土爭奪、利益擺不平，轉以科學名義，實爲凍結領土主張的妥協協議。

我們現在看見的南極，正是因爲利益的糾葛、主權擺不平，反而意外爲人類保留了最後一塊淨土。

《烏托邦》一直有兩層寓意，它究竟是人類心中嚮往的美好之地（eutopia）？還是根本不存在的烏有之地（outopia）？

一九六一年開始實行的《南極條約》，看似爲人類帶來難得逾六十年的和平，但冰封真的能抵擋得住火山下的蠢蠢欲動嗎？就像火與冰的寓言：

「有人說世界將毀滅於火，有人說毀滅於冰。」

我帶著好奇、探索的心進入南極，沒想到卻走進了遮蔽的南極眞相中。

冰與火永遠是爭端的兩重天。南極冰火下第一大危機，就是當初締約時，締約成員權利不對等，現下二十九個諮詢國（consultative）有權針對南極事務表決，但其餘二十五個非諮詢國，並沒有表決權，也就是擁有絕對權利的霸權國依然可以主導南極未來的命運。

現在大家最擔心的是，目前妥協的《南極條約》雖擱置了最具爭議的領土及軍事活動與礦藏探勘問題，但它就是冰下的活火山，諮詢國的表決權哪一天會天搖地動如火山噴發，誰也說不準。

人性，向來考驗著和平與戰爭。南極從一九一一年挪威的阿蒙森在南極點插下第一面勝利旗幟開始，各國探險者都毫不掩飾帝國主義的貪婪，征服的目的主要是爲了劃地爲王，至今可以看到南極有代表英國的瑪麗皇后地（Queen Mary Land）、代表挪威的毛德皇后地（Droning Maud Land）等，以帝王帝后之名命名的「某某地」名稱，都是爲了致敬占領國的皇室。

近年俄烏戰爭不熄、以巴戰火漫天……，南極應該更是未來這世界上領土爭議最複雜的火藥庫。最近這把火又重新點燃，主要是聯合國海洋司開放各國可以提出兩百海里以外的大陸架申請，澳大利亞就率先獲得了部分南極大陸架的專屬經濟區，隨後英、紐、阿根廷等也跟進，各國再度宣稱對部分領土享有主權，全世界數十個國家更爭相建立科考站，使得暗流下的南極爭奪戰又日漸升溫。

南極冰火下的第二大危機，就是石油。

科學家估計在二〇五〇年，也就是不久的將來，地球上的石油即將用罄。

如按前述古地圖的推論，白堊紀時期的南極陸塊經歷過恐龍及生物的盛世，那麼南極一千四百萬平方公里的冰封大陸下，是否藏有龐大的石油資源？根據科學家探勘結果，南極地下石油的藏量果眞高達五百億到一千億桶，天然氣儲量約爲三萬億至五萬億立方公尺，不僅是世界的石油寶庫，更蘊藏了煤、鐵、鋅、銅、金、銀等二百二十多種礦產資源，還有巨大的風能、潮汐和地熱，以及半年永晝下二十四小時不滅的太陽能，這是多麼龐大的地球資產，又是多麼危險的隱藏戰爭火藥庫。

其實還有比二〇五〇年石油用罄畫面更驚悚的是，因爲《南極條約》體系下的《馬德里議定書》（俗稱「南極環境協議」），承諾禁止南極鑽油及採礦只維持到二〇四八年，這個時間距離石油用罄短短不到兩年，不敢想像目前已戰火四竄的人間，屆時還能保得住南極這塊最後淨土嗎？《馬德里議定書》設定二〇四八年爲期限，可見人類的野心從未向大地臣服。雖然世人一般印象，**《南極條約》看似禁止軍事活動和領土主張，但協議卻處處伏筆，預留了看不見的狼子野心。**

我，走在南極探險的路程上，時常不經意抬頭，仰望永晝下二十四小時不滅的太陽。想想，陽光總是普照世人，萬物均能雨露均霑。如果石油是恐龍大滅絕留給全人類的遺產，它是不是應該像天上的太陽一樣，不分貴賤，公平照顧每一個世人。如果世人被公平對待，就不該有石油所屬國的概念，沒有理由億萬年前恐龍屍體在你家地下，你就可以擁有這一切。

人性的貪婪，其實讓和平成爲人類最高貴的謊言。眼前的石油危機、不斷的戰爭，人類文明一直無法消弭強權製造的不公，《南極條約》體系和《馬德里議定書》眞的可以繼續維持世界和平嗎？在那裡，沒有爭奪，沒有環境破壞，沒有漫天要價，沒有戰火沖天，還是，這一切只是痴人說夢？

托馬斯．摩爾的《烏托邦》雖然建構了一個人類心中的理想國，但理想國並不是沒有戰爭，烏托邦也會因爲「缺鐵」而引起資源爭奪。也許有人類就避不開資源爭奪。

百年來的南極冒險再難，也比不上現在世界的難題更難，包括氣候變遷、窮兵黷武、環境保護等日益嚴峻的挑戰。

看看眼前的世界，和平的天秤又開始向戰爭傾斜，不只俄烏戰爭、以巴戰火延燒不止，中美貿易大戰更一觸卽發……，各種強權挑起的地域衝突甚至經濟戰火，一波又一波，人類爭奪的欲望是否會掀起第三次世界大戰？而更令人震驚的是，大自然也開始反撲，南北極大規模的冰山崩解，海冰消失引發蝴蝶效應，一環扣一環已造成全球氣候極端異常，嚴重影響地球生態，不但炎炎赤道開始下雪，薰風也讓全球野火燒不盡。

人類到底在追求什麼？權力欲望，不自覺的吞噬了大地，和平，可能是欺騙妥協的假象……

生病的我，生病的南極，生病的世界，如何才能找到治癒的解方？

《南極條約》曾經給了世人最美好的想像，但烏托邦究竟是美好之地，還是根本不存在的烏有之地？我思索著。

美國運輸隊為科考站補給物資。

石油資源是南極冰封大地下隱藏的戰爭火藥庫。

如果石油是恐龍大滅絕留給全人類的遺產，它是不是應該像天上的太陽一樣，公平照顧每一個世人。

ALFA

Chapter 5

能量

在一個孤立的環境，能量不會消失，只會被轉換，
變形為記憶、痕跡、夢境、神諭……

真相總是殘酷的，爭奪如此、戰爭如此、人性如此、冒險如此，連我的情緒困擾亦是如此。人類肆無忌憚的征服慾，諸神眼皮底下的貪婪人間，白雪皚皚無盡大地的征程，和我壓抑得快要喘不過來的呼吸，是不是只有無奈？

人類的資源爭奪一直在消耗地球，腦迴路中的憂鬱因子也一直在自我內耗，但我們真要如此耗下去嗎？

我始終願意相信雷神索爾說的：

「問自己，為了信念，你可以做出多大努力和犧牲？」

一九一一年十二月十四日，挪威探險家阿蒙森取得千古以來第一個到達南極點的榮光後，不服氣的大英帝國貴族居然沒有風度的戲謔道：「第一個抵達南極點的不是人，而是阿蒙森的雪橇狗。」

人的傲慢，眞讓人無語。

在我們四十八天的南極冒險旅途中，我們也有輛等同於雪橇狗的皮卡車——四季號。巨大的「四季」，光車輪就三分之二個人高，它不但陪伴我們全程超過兩千公里的路程，也載運著我們所有的補給，以及全體隊員的排泄物——因爲南極規定，冒險者必須把所有的垃圾都帶走，包含糞便及尿液。

我們的雪橇狗「四季」，爲了適應南極攝氏零下四十度的氣候，特別先送到冰島進行極地使用規格的大改裝，包含電路系統、車身結構以及油管，以保證它在四十八天內不會結凍，甚至能在靜態時保持系統低度運行。諸如種種，都可以想見百年前雪橇狗的艱辛。

白茫茫的雪地，「四季」載著我們飛馳，極地冒險不只是冒險，也是一場無極限的能量戰，一方面考驗我們面對未知與恐懼的心理素質，一方面也考驗「四季」能否零失誤確保隊員們的安全。而其中最讓人意外的任務，是我們必須在雪地裡爲「四季」挖掘石油，讓極地車可以確保汽油不會用罄。

別小看這個動作，這可是我們冒險中最重要的工作之一。你一定會問怎麼「挖掘」石油？難道南極地底有石油？積雪厚度不是近二千公尺嗎？南極不只白雪茫茫，一望無際廣達一千四百萬平方公里，在沒有任何路標的土地上，你要怎麼找出石油這個萬年寶藏？

二〇一八年十一月二十六日，攝氏零下二十四度，「四季」帶著我們穿越暴風雪，沒日沒夜往羅斯冰棚和陸地的交叉點狂奔二十小時，原本預定五天的車程，不知爲什麼已超過十天。大家心中焦急煩躁，卻完全無能爲力。我一直蜷縮在顛簸的「四季」上，反覆吞著我自己的嘔吐物，湧上又吞下。上帝即使給了我們南極永晝來驅散黑暗的惡夢，但完全無預期的風雪、旋風持續擊打在這片土地上，試圖阻止我們前進。雪與冰深埋了我們原本激動的冒險心，幾近崩潰。

「歡迎來到南緯八十七度！」

「四季」的GPS顯示了我們的位置。什麼？南緯八十七度，怎麼會開到這裡？只差三度就可以到達我們最後的目的地——南緯九十度的南極點。正當大家起哄著要不要乾脆直接殺到南極點時，同行的探險顧問說「NO!」來這裡只是要大家捲起衣袖一起來挖石油——正確來說是「汽油」——爲「四季」補充油料。補充完油料，我們就得立刻轉向開往西南方，重新回到百年前的阿蒙森冒險路線，繼續追蹤當年隊員們的徒步冒險計畫，這也意味著我們要重新再來一遍。

這裡的海拔高度超過三千公尺，空氣含氧量偏低，必須把動作速度變慢，避免產生高原反應，因爲缺氧會出現頭痛、頭暈、失眠、噁心、嘔吐、厭食、虛弱等非特異性症狀。這樣的狀況會隨著身體適應環境而逐漸緩解，嘔吐則是症狀惡化的重要指標，要特別小心。

望著風雪，或許更多是心理反應。一股酸楚味又湧上喉頭，手邊也沒容器，所以只能再次將嘔吐物吞回胃裡。心中的風雪襲來，不能再反覆吞吐著嘔吐物了啊，這眞讓我有說不出的絕望……還好很快我們接到「已經找到深埋三公尺下油礦」的訊息。因爲任務明確了起來，竟讓我有點雀躍。

想想石油等於財富，挖石油的人不就是石油大亨?!不過這次我們眞的做了大亨，冤大頭的大亨！現實世界一桶布蘭特原油約一百美元起價，這裡一桶汽油居然高達八千美元以上，最便宜的是來自俄羅斯擺放在這裡的汽油，折合台幣也要二十五萬元一桶。

那麼要如何挖汽油呢？首先，我們得靠衛星定位系統找到汽油桶的位置。在這裡，美國、俄羅斯、阿根廷、智利等四國，過去二十年來陸續在南極大地設置燃料補給站，供各國科研人員及冒險家「付費」使用，只是一桶比一桶貴。GPS雖然找到油桶定位，但誤差值範圍高達五十公尺，白茫茫的大地，油桶的準確位置在哪兒？它們有些放在那已長達十多年，早已深陷雪地深處，我們必須一鏟一鏟的向下挖來探詢，待挖到鐵桶時，再用「四季」號的吊桿把它們吊上來。

挖石油還有一個「黑白原則」：油桶黑色底朝上，代表裡面有石油，如果白色底朝上，代表已經有人使用過，就算看到也不用浪費體力挖掘。

能源在南極太重要了，不只關乎皮卡車，更關係我們每日的飲食生存，沒有它我們根本活不下去。爲了節約能源，通常熱水我們都煮到六十度能喝就好，因爲能源太珍貴了，這些油一桶幾十萬元啊。

——

我腦中快速閃過二〇五〇年地球的畫面……，我開始意識到問題的嚴重性，因爲專家預估地球現存的石油大約只能用到二〇五〇年左右，天然氣也只有五十七到六十五年的存量，而煤也只能供應一百六十九年。

從十九世紀工業革命以來的經濟發展，都是以巨大的資源消耗和環境污染爲代價，在整個二十世紀中，統計人類一共消耗了一千四百二十億噸石油、二千六百五十億噸煤、三百八十億噸鐵、七．六億噸銅，正是人類的傑作，以致地球上的能源已趨於耗竭。二〇五〇年的石油價格，會不會眞的變成二十五萬台幣一桶，甚至有錢也買不到？地球會歷經又一次的大滅絕嗎？

南極冰封的大地下其實還深藏著一個未知的謎——生物學家、地質學家在南緯七十五度以南，早就發現了白堊紀時代的恐龍化石，我們都知道晚白堊紀是世界上曾經恐龍物種的巔峰時期，而石油就是恐龍生物的遺體。專家依此推論，南極地下極可能有你我完全想像不到的驚人石油蘊藏量。

據科學家估計，南極冰蓋下未挖掘的石油藏量，高達二千億桶，遠遠超過現在科威特及阿布達比的加總。我們站在最豐富的石油寶庫上，卻握著小小的雪鏟、挖著商業世界一桶價值幾十萬元的汽油，漫天飛雪，混著雪鏟鏟起的雪花，畫面實在有點荒謬！

我腦中又閃過二〇五〇年石油枯竭後令人驚心的畫面……彷彿可以預見南極白雪大地上驚悚的石油戰爭，各路人馬爭搶、峰火連天，比現下的中東石油戰場更令人心悸。未來南極還能像現在一樣安然平靜嗎？即使雷神索爾再厲害、再想拯救人類，貪婪的人類能活下去嗎？

但，我還是願意相信人類的智慧，願意相信雷神索爾的提醒：

「問自己，為了信念，你可以做出多大的犧牲？」

——

在南極有種太陽的形象是不成立的，就是我們印象中炙熱紅紅火火的太陽。

這裡的太陽是完全沒有熱度的，甭談烈日灼身，就算陽光再怎麼普照、再怎麼亮麗刺眼，依然是零下三十、四十度刺骨的溫度，只有無邊無盡的寒冷。但這可是半年永晝的地方呀，太陽永不下山，那能量究竟來自哪裡呢？

宇宙就是如此奧妙，儘管這裡是體感上沒有溫度的太陽，但能源卻源源不絕，從未消失。這個奇妙的物理現象，以前中學物理課學過，宇宙中的光、熱、電、磁、運動都會產生能量，之間還可轉換，而且總能量一定守恆，不會不見。熱度不足的太陽沒關係，它的光能量一直都在，關鍵在於我們有沒有辦法讓它轉換成其他的熱、電、磁、動能。

出發前，一直擔心攝影機電池的充電問題，我負重帶了五十顆充飽的大電池隨行，其實是我多慮了。南極從每年的十二月二十二日起有長達半年的二十四小時永晝，所以我們有取之不竭的太陽能，透過太陽能板獲取的電池永遠不怕斷電。只消一塊三折的太陽能板，用四小時吸收光一下子就能轉化成電能，永晝的光永遠不缺，只缺轉換，這是能量守恆的奇妙。

早知道電力源源不絕，我應該帶電暖爐去南極的。

———

南極的太陽能轉換成電池電力是無窮盡的，我覺察到我內藏的憂鬱情緒，開始轉化為異常清晰的記憶、痕跡、夢境甚至神諭而出現……是否這也是因為無盡陽光的能量注入，讓我的內外在情緒產生了轉換？

我們常困在「憂鬱症」這個詞裡，是內心的創傷也好，是情緒的障礙也罷，甚或總被社會簡化為疾病的代名詞。但如果我們能換一個角度思考，**其實在宇宙中我們都有能量轉換的能力，因此問題的關鍵不在困局與限制，而在我們願不願意轉換或改變。**

白茫茫的南極大地，供各國科研人員及冒險家「付費」使用的汽油桶，深陷雪地深處，必須一鏟一鏟的向下挖來探詢，再用「四季」號的吊桿把它們吊上來。

如果能把限制住自己的困境轉換出新的能量，就可能創造出截然不同的生命樣態。

憂鬱症顯示我腦中的多巴胺（dopamine）明顯不足，但在這個陽光遍照的南極世界裡，紫外線曝曬之後帶來的幸福感是身體上最直接的感覺，而且可能早在智人出現之前，就已經根深柢固地嵌進遠古人類的DNA裡。曬太陽會刺激身體釋放一種「感覺良好」的物質，提供天然的快感，這類物質類似血清素（serotonin）、多巴胺，是人體天然的鴉片。

白花花的陽光終日不滅，對應著我心中原本闇黑的世界——我突然意識到，永晝的陽光讓我開始擁有一種自我轉換的能力。

——

「四季」行走在茫茫雪地裡，拖曳出一條條印痕，其中有個事件頗值得思索。

我們常常因為皮卡車深陷雪地裡，總是讓油門空轉，這樣的空轉看似用力付出，但事實上卻是無用的、虛無的。人生總有許多行動不也這樣，我們卻不自知。「四季」是個龐然大物，孔武有力，個頭幾乎比一個人還高，即便如此，它在南極大地上依然十分渺小。有詩云「人生到處知何似，應似飛鴻踏雪泥」，我看著在無盡極地因油門空轉四濺起飛瀑般的雪泥，不免生起惆悵。

人生空轉，何嘗不似飛鴻踏雪泥；但有限人生，又何嘗禁得起持續空轉？會不會我們在非常多的人生時刻，用了無限的時間，耗盡所有力氣，散盡金錢和資源後，依然原地空轉，最後就這樣走完了一生？

宇宙的能量守恆，它，應該追求的是A點轉換成B點後的價值，就像南極的日照轉換出電池電能支持我們拍攝紀錄片，昂貴的俄羅斯汽油轉換出我們的冒險之旅，這些都是A點到B點創造的價值，即使一天進步一點點也好，它都是有價值的。而這樣的轉換，最好的方式不就是要大膽一點，脫離你的舒適圈，停止自陷空耗。

空耗虛度，主要是因為我們找不到著力點。轉換一下念頭，試著找到方法——即使是空轉的「四季」，只要在輪胎下鋪一塊板子，讓施力點變成著力點，有了一個可以讓你落地的新支點，你就自然能順利往前行。

我們過去看世界的方法太單一，就像以爲能源只有石油一樣。

未來人類的能源在那裡？二〇二三年我監製的一部紀錄片《X》，記錄台灣大學前校長、電機系教授李嗣涔，他正在研究宇宙能量的第五力——「撓場力」。「撓場可以穿越時空，既能傳向未來，也能迴向過去，甚至可以超越光速，在陰陽間自由轉換，這也是宇宙能量的一種」，李校長這麼說。

這一切聽起來比我過往的理解更爲瘋狂！很多人相信「科學」必須是一〇〇％證明，但李校長因爲研究的是「待而未」證實領域，沒有一〇〇％的證據，所以大家笑喻他是「科學乩童」。

科學講究一〇〇％證明，沒有一〇〇％證明就不是科學嗎？三十％的科學研究就不是眞實嗎？我們常常迷失在「迷信」和「迷不信」當中。但正是因爲「迷不信」，當年哥白尼堅信地球是圓的，差點被視爲異教徒活活吊死；阿蒙森和史考特如果不相信有南極點，人類至今也無法踏足南極。

當我走過南極大地，看過地球盡頭的磁場與天空，領悟到眞正的世界遠遠超出人類認知的極限，那麼爲什麼我們還要一直死盯著南極冰層下的石油，爲什麼非得爭得你死我活？抬頭看看天空，那裡有陽光、風、磁場、微波、電力、撓場……未來的世界能源的答案，也許不在地球上，也許就在天空中。

我腦海中又浮現那個在雪地裡使勁空轉的「四季」號皮卡車，和那四濺飛起、飄蕩在南極上空漫天的雪泥……

以往那個不想得罪人、怕別人失望、你好我好空轉的楊力州，再見了！這次我們都要加速前進！

皮卡車載著我們飛馳風雪中，極地冒險不只是冒險，也是一場無極限的能量戰。

Chapter 6

賊鷗

賊鷗真的是賊嗎？
還是牠就是遵循大自然的生存法則而已？

我是一個紀錄片工作者，我的使命就是在鏡頭後發掘別人看不見的真相，在紀錄片的視角裡看待一件事，我會試著找出各種角度，不會立即為事情或人直接貼上標籤，以避免因偏見錯過真相。

這些年我記錄過無數人，直視過無數人不為人知的人生，有時候我會心生不捨，甚至難以割捨，總想做些什麼，我一直深陷在無數的故事中，但記錄真相之後，我該如何學會放手？

「四季」號連續狂嘯驅車四十個小時，十二月二日午夜二時，我們終於抵達了南極陸地與海岸的交界點。

這裡是百年前阿蒙森從羅斯冰棚進入南極大陸的起點，他是人類第一個到達南極點的英雄，而我們的六百六十公里徒步計畫就是從這裡開始，比照當年阿蒙森路線並向其致敬。

世界最大的羅斯冰棚就在我們腳下。不同於從海上所見的巨大冰棚，這裡根本分不清冰棚及陸地的差別，一片一望無盡的雪白大地，我們只能參考GPS定位系統及那一根插在雪裡定位的木樁，才能確認這裡就是海與陸的交界之處。腳下的冰棚之下還藏有九十％的巨大浮冰，深不可測，從海冰間回望遠處的埃里伯斯山（Mount Erebus），我感受天地之大，無邊無際，那麼……上天讓我站在這裡，又是想告訴我什麼？

多年前，我的人生似乎突然停滯了，情緒、生活變得混亂，幾個月後，有超過半年吧，不知道爲什麼有了輕生的念頭。這樣的思緒究竟是想死？還是試圖求生？當時脆弱的我明白，再往前一步可能就是生命的終點，但如果我願意再跨一步，或許能找出新生的起點。

————

二〇一八年十二月五日，天氣晴，我們從海岸線起點出發，準備開始D-DAY計畫，團隊原本七位成員之外，突然多出了一位成員——牠，是不速之客，還是有心要加入我們？

牠不是人類，牠是一隻南極海鷗「賊鷗」。

在這個無垠的冰天雪地，杳無人跡的世界盡頭，何來的「賊」？又能偷到什麼？只見牠一路盤旋，跟著我們亦步亦趨，牠從何處來？要往何處去？爲何跟著我們？我並不知曉。而且爲什麼牠被叫成「賊」鷗？難道牠眞的是兇神惡煞？海鷗不是群居的嗎？爲何一路只見牠形單影隻，牠是爲了我們的食物？還是海鷗慣性的送行？

我們的冰島探險顧問說牠的正式學名叫「南極賊鷗」。賊鷗之所以惡名昭彰，是因爲牠會偷竊其他鳥類的食物，連海象的奶水也不放過，他要我們趕快把食物收好，怕牠偷襲。

我的「紀錄片腦」開始好奇，牠為什麼被稱為「賊」？是誰定義的「賊」？從聯合冰川營地出發到現在已經將近半個月，我總是打趣地描述隊員們對彼此的人生都很熟了，已經找不到什麼話題，除了南極的雪，南極的風，南極的酷寒外，一路上我們沒有遇到任何一個人類，連任何活生生的生物都沒有。無盡的冰雪，眞的快要把我們淹沒了。

孤獨，是一種可怕的感受。突然看到這個意外的訪客，我根本不覺得牠是什麼賊，牠其實是上帝派來守護我們的陪伴天使。

百年前阿蒙森和史考特的冒險日記裡，就有賊鷗的身影：

「賊鷗在我們身邊銳叫，如有人太靠近牠們的巢，牠們便飛下迎戰。」

想想，在這一片荒蕪的大地上，賊鷗陪伴過所有進入南極內陸的冒險旅人，其他動物根本到不了。牠，不也是一頁傳奇！

南極賊鷗與海鷗不同，同樣在海邊生存，南極賊鷗一身褐色的粗毛，抵禦極地酷寒，但粗毛的保護色，讓牠顯得更具有攻擊性，尤其是對鳥巢的「入侵者」。但這不就是動物生存的本能嗎？尤其在艱困的南極大陸上必須更努力活著。

是啊！不就是要活著嘛。

這個世界沒有絕對的對錯，也沒有絕對的客觀與眞實。

賊鷗眞的是賊嗎？還是牠就是遵循大自然的生存法則而已？人類的視角充滿偏見，牠才是南極大陸的原生物種，到底誰是在地者，誰又是入侵者？人類其實才更像是賊。

在紀錄片的視角裡看待一件事，我會試著找出各種角度，不會立卽爲事情或人直接貼上標籤，因爲人類總是存在太多的偏見和自以爲是。

賊鷗，我從來不覺得牠是壞蛋。跟著我們的這隻，牠並沒有如文獻所描述的飛下來搶食物，牠只是在煮食帳篷旁的雪地上遠遠地等待，靜靜地看著，與我們距離十五公尺以上，不打擾不張揚，等我們吃完再撿拾剩下的食物。

我喜歡賊鷗的這種陪伴，我也常扮演這樣的陪伴，如同過往的每次拍攝記錄。

——————

賊鷗的隨行讓隊員們覺得這幾天特別有意思，也有了聊天的話題，彼此之間柔軟了許多。但同行的第四天，一早醒來，牠已離開。遍尋不著牠，我，有點失落。

初見牠，除了意外，其實我是竊喜的，因爲在畫面總是白茫茫的紀錄片中，這個意外的訪客，成爲了一個角色，在我們無窮無盡的旅途中，可以帶來另一種南極的視角。

如果賊鷗也陪我們走完這個路線，那故事不就更精彩了！但，沒有任何告別，賊鷗不聲不響地離開了。這裡距離冰棚外的海岸線有八百公里，酷寒的環境連細菌都很難存活，遑論食物的取得。牠去了哪裡？如何覓食？這些沒有答案的自我提問讓我煩躁了起來。

期望人生可以自控，如期圓滿，殊不知當你這樣想時，就有了剪不斷牽絆。如何讓遺憾、恩怨、是非歸零，純粹沒雜質，pure純粹到像南極雪花，這是我的功課，卻是人最好的狀態。

我似乎有那麼一點點明白，過去幾年煩躁的部分來源是因爲我總是有所期待，而賊鷗的來去應該是來提醒我，過了就過了吧！

突然看到賊鷗這個意外的訪客，感覺牠其實是上帝派來守護我們的陪伴天使。

我好像又知道賊鷗是誰了！

光影跳動的影像出現在我眼前，是在新宿歌舞伎町酒店工作的那群阿姨們，從東南亞嫁到台灣農村勞動卻總是被問妳丈夫用多少錢把妳買來的新娘，在政治版圖深藍的客家庄開了間同志書店的那對女同志，國小畢業就到工廠賺錢給弟妹讀書的長女，我的母親（編按：都是楊力州紀錄片的主角）。

影像歷歷在目，一點一滴烙印在我的生命上，感同身受的記憶是多麼不捨，我總想爲他們再多做些什麼，卻不自覺進入他們的生命中。

我的牽掛、我的擔心、我的不捨，逐漸成爲我敏感情緒的一部分，變成愈來愈多的悲憫和期待。直到遇到南極賊鷗，牠，不期相遇又無聲離去，獨留我在空蕩蕩的南極大地上，這是一種提醒。

生命中意外的訪客是點綴、是風采，攪出一池春水都只是一場因緣際會，我才是我生命的主角。

千山萬水跋涉，來到世界盡頭，我現在的目標，是放手讓生命繼續前行。

現在的楊力州，應該學會放下、放手，因爲生命的可貴在於繼續前行。

——

旅行，通常都有目的地，這趟南極冒險，就是遵循阿蒙森的探險隊路線，千山萬水跋涉，只爲成就來到世界盡頭的渴望。

但到達南極點前，任何巨大編織都只是想像，夢想可以變得好大好大。一旦眞正抵達目標，看見極點上的那根桿子，還有桿子上的那顆斜插小小的鐵球，巨大的期待像洩了氣的氣球一樣縮小了。頓時心情很奇特，我不知我在追求什麼？征服南極點的功成名就？還是想像南極英雄般被記得？都不是呀！

好好想想自己的人生究竟要什麼？若你聽到心中的叩問，試試看，一次也好，面對它。目標，很多時候只是我們自己假想的，冒險，也從來不是一個南極點上那顆鐵球，有時目標的到達，遠遠不及困窘時意外訪客那種無聲陪伴，那樣令人記得。

我現在的目標，是放手讓生命開始繼續前行，但怎麼前行呢？

當阿蒙森走到南緯九十度的南極點時，看起來是走到世界盡頭的最後一步，但當我站到了南極點上，卻有完全不同的想法。看似終點其實不就是下個起點，只要我願意再往前一步，不也是新世界的第一步。

學會放下、放手，代表生命不自限，是另一個楊力州新生的開始。

賊鷗是鳥類中難得有認人能力的物種，哈哈！祈願我的賊鷗，下次能認得新生的楊力州……。

●賺甲查某

多年前，我在《新宿驛，東口以東》記錄一位到日本酒店工作的媽媽桑。

她們總是被叫做「賺甲查某」，指在賣的女人，這是世俗價值的一種角度，但人哪有那麼簡單。年輕的她當時要賺錢供養爸爸、媽媽、哥哥、弟弟和他們的小孩一大家子，過了二十年，她一樣要供養爸爸、媽媽、哥哥、弟弟和哥哥、弟弟的妻子和小孩們，「啊不就是希望家人可以活得好一點嘛！」她這麼笑著對我說。但是她自己卻成了邊緣人，家人接受她回家走走，但不要久留，以免街坊鄰居問東問西，她卻也無法融入排外的日本社會。

回不去也到不了，是被卡住的一群女性，也是被遺忘的人。

誰是天使？誰又是賊？書寫至此我又想到她的燦笑：「啊不就是希望家人可以活得好一點嘛！」

Chapter 7

有色眼鏡

我們以為眼見為真時，似乎看見了全貌，
怎知沒有看見的就不是真了嗎？

我的職業使然，一直習慣堅持追求真相，絕對不可以失守。但看見，未必等於看清，我愈想看清，愈把自己弄得精疲力竭。

在南極一片白皚皚大地上，我突然明白了，光，是多元的，世間人事物也是多面向的，「南極白」，不只是眼睛視覺下的白，你也可以感受到心靈上的白，一種明白。

受太陽磁暴影響，最近紐西蘭及很多地方上空都出現了巨大的「太陽海嘯」，絢爛七彩光瀰漫天際，交織出極光幻影，有如宇宙燈光秀令人目眩神迷，完全是造物者的神奇魔力展現。

罕見的極光，也是宇宙最美麗的傳說。極光歐若拉女神（Aurora）來自希臘語伊歐斯（Eos）。傳說伊歐斯是希臘神話中「黎明」的化身，是希臘神泰坦的女兒，是太陽神和月亮女神的妹妹，而在北歐神話裡，她是火狐狸的尾巴，劃過人類仰望的星空，如此美麗，是宇宙給我們最特別的禮物。

億萬年以來的地球，在南北極一直有這縷神奇的「光」，最早對極光提出科學看法的是伽利略，他用「Aurora Borealis」，稱這神祕的光芒。當太陽耀斑期間從太陽發出的帶電粒子，穿透地球的磁屏蔽與大氣中的原子和分子碰撞時，就會產生無數的光子爆發，這些碰撞便構成了極光。

在北半球的極光被稱爲北極光（Aurora Borealis），在南半球的極光被稱爲南極光（Aurora Australis）。這種光反應常在南北緯度六十至七十五度之間發生。偌大的黑色天際，像廣闊的畫布，恣意揮灑。炫麗是因爲當光子與氧氣碰撞便會產生紅色和綠色的極光；當光子與氮氣碰撞便會產生粉紅色和紫色的極光。

在神話中，遇見極光女神歐若拉的人，都是被上天眷顧的，一生幸運。親歷神祕宇宙光綻放的人，何其有幸。

我出發去南極時，適逢半年永畫，二十四小時太陽不下山，白晝的光閃閃熾熾，我以爲沒有極光，但好友台大物理系暨天文物理所教授吳俊輝說，其實極光一直都在，只是白晝讓人以爲沒看見，如此說來，我可也是幸運兒。

人類花花世界，不得不提宇宙七色光，透過三稜鏡反射，幻化出紅、橙、黃、綠、藍、靛、紫七色光，也構成視覺中我們看到的宇宙萬物。

七彩世界，原本就多變、神奇、未知……，但今天我想分享神奇的紅光，就是它，讓我們看見了原本眼睛結構看不見的南極世界。

南極世界就是冰雪世界，九十五%被冰層覆蓋，但南極不只是一個大「冰蓋」，在萬年冰封的冰層下，科學家相信南極大陸地下如同時空膠囊般，層層記錄著地球每一個演化的組成。這也是爲什麼那麼多冒險家及科學家無畏而來，想一探究竟。

身處世界盡頭，因爲黃赤交角形成的永畫現象，南極從十一月開始進入夏季，長達半年，二十四小時，陽光，永遠照耀著南極。

在南極世界，有所謂的「南極白」。究竟有多白？在攝影方法上我們常使用減光鏡來控制鏡頭的入光，避免曝光過度。一般環境來說，減光的ND係數約莫落在2～64就夠用，沒想到在南極這個白茫茫的冰沁世界，減光係數居然要高達1000才足以應付。也就是說，人類根本不能裸視南極，在沒有保護的情況下就會產生雪盲症，眼睛疼痛難耐，且會短暫失去視力，嚴重的話會造成不可逆的傷害。

但人類眼睛沒有ND1000係數減光鏡的協助，我們又是如何看見南極，而且帶回了珍貴的高畫質影片？這完全要從一支有色眼鏡說起，它就是帶著紅光的雪鏡，也因爲有它，開始了我們這段神奇的冰雪奇緣。

紅與白。爲什麼不是黑與白？黃與白？紫與白？藍與白？

我們根本無法長期睜眼看著南極的一切，出發前每位隊員都配置了一副紅色鏡屏的雪鏡，紅色光波阻隔了強光，讓眼睛產生可視視覺。因爲一般可見光的波長範圍大概是380～780 nm，而其中「紅色」頻率最低、光波長最長，大概是620～760nm，而複色光「白光」頻率最高、波長最短，帶紅光的雪鏡，能抵擋永晝不夜不滅的強光，而且即使在極地強風吹襲，也能保證視野清晰。

我們四十八天、一千一百五十二小時每分每秒，除了睡覺幾乎無時無刻都戴著這副「有色眼鏡」，因爲有了紅色雪鏡，我才能透過鏡頭來取景記錄南極。

「南極白」，不只是眼睛視覺下的白，你也可以感受到心靈上你的一種白，一種明白。

到南極那年，我剛好年過五十，心境也有了轉變。五十歲以前走過的世界，有清明但更多的是混濁。而人要到這個年紀才知道，我們內心需要的是一個乾淨清明的世界，《紅樓夢》不是說「白茫茫大地一片真乾淨」嗎？不管是紅樓一夢也好，是佛說的「無明」也罷，人愈活都需要愈明白。

我細思「三千大千世界」為何，一如我用鏡頭串聯出的世界。《道德經》說「道生一，一生二，二生三，三生萬物」，宇宙萬物相生，創化生成，都是一種具體而微的過程。而一個「大千世界」包含了大千、中千、小千，也可以說是「一千個中千世界」，或「一百萬個小千世界」，三千大千世界浩瀚如宇宙繁星，人究竟多渺小，渺小如一粒沙，甚至如一粒塵埃，這個感受在無邊南極愈明顯。

生命大哉問，五十歲的我，當下無法釐清我心理的變化，但站在一片白茫茫的大地上，我很想讓自己融化掉，融在一片雪裡、一片極白裡，融入南極、融入自然、融入宇宙，和亙古時空融為一體。

我似乎聽到大地之母的回音，很輕聲，很安靜，「孩子，來我身邊……」。

人其實要非常謙遜的，對待人，對待大地，對待自然，就像大地之母的回音。

渺小的我，如果能繼續記錄這個世界，是否能轉換視角重新看待世界，我要用我的鏡頭，用一種溫柔的方式看待世界，安慰她。

我的心，無聲安靜！

我是紀錄片工作者，鏡頭就是我的眼睛，我的心。但在南極，如果沒有那副「有色眼鏡」，極度白光下我根本看不見南極；而我戴著有色眼鏡看見的，眞的是我們以爲的南極嗎？不是的。這麼多年，我拍了很多紀錄片，我最在意是從什麼視角出發看待人事物；而我身處的南極，如果是以動物視角或外太空視角，它們又會看見什麼樣的南極？

好幾次，我偸偸摘下雪鏡，想看看眼前眞實的南極，沒想到，刹時白光刺眼，視線模糊，只剩一片慘白，如同相機曝光過度。原本紅色雪鏡可以看到遠處天邊的天際線，或是走在前面的人物表情，在眞實的視覺下反而看不清了。

也許這世界的眞實，是要透過紅、橙、黃、綠、藍、靛、紫七色光的組成才完整，一如紀錄片試圖呈現各種不同的多元視角。

光，是多元的，世間人事物也是多面向的。

世人評價「有色眼鏡」，多爲歧視、偏見、不屑，但我認知的「有色」，應該代表各種七色光的光譜，代表著努力還原各種事物的眞相。

我們的看見，難道不也是我們以爲的片面看見?世事紛繁複雜、眞假難辨，何況耳聽三分虛，眼見未必實，看見，也未必等於看清。

佛法《楞嚴經》說：

「見見之時，見非是見；見猶離見，見不能及。」

我們以爲眼見爲眞時，似乎看見了全貌，怎知沒有看見的就不是眞了嗎？當我們看見，卻心知天外有天，人外有人，如果能虛心了解，不輕易論斷，是不是更能看清看不見的眞相？

眼睛所見，有時也只是執念，未必看得透人心，看得透眞相。我必須長期透過服藥控制的憂鬱症，是不是我爲自己戴上偏執的眼鏡？我的家族自殺陰影揮之不去，是不是也是我不願認清的眞實？甚至我創作產生的桎梏，也是我的自以爲是的執念。

紀錄片，允許各種觀看視角，你是台上的主角，也是台下的觀衆，你是拍攝者，也是被攝者。所有主客觀的角色或環境，會隨著拍攝衍生出不同的結果，隨著時間長出自然的眞實。《獸刑》是我嘗試另一種消除歧視偏見的視角。我一直認爲，用鏡頭記錄世界，是最能改變世界的方式之一，我想用一場溫柔的革命，改變受傷的心靈和充滿偏見的世界。

光尚有七彩，造化世界，七彩光譜才會多彩多姿，在人生的行囊中，為什麼我們不放入更多不同光譜的有色眼鏡。

放開了就可以自由飛翔！

果眞，見猶離見，見不能及！

永晝的光閃閃熾熾，讓人以為沒有極光，但其實極光一直都在，看見，未必等於看清。

• 看見動物

南極有色眼鏡的思索，歸來後，我拍了一部野生動物受虐的紀錄片《獸刑》，嘗試透過屏科大野生動物收容中心裡四隻動物和三位照養員之間的互動，記錄這群受虐且被遺棄的動物所面臨的處境。

透過鏡頭，我選擇靜靜的與四隻不同的動物相互凝視，我很想替牠們發聲。非法走私的紅毛猩猩佛斯特，因《動保法》通過而被主人遺棄，讓牠精神嚴重創傷。

棕熊，名叫鮭魚，是被馬戲團棄置在狹小鐵籠內長期被虐待，拍攝時，牠不受控的持續搖頭晃腦。獅虎阿彪，是被邪惡人工配種導致基因缺陷，不獅不虎的牠，因基因不良後肢幾乎站不起來。還有被捕獸夾夾斷雙手的獼猴波特，牠只能用腳吃飯。這都只是關於牠們的狀態描述，但牠們內心在想什麼呢？

我想用另一種聆聽動物的視角來還原真實，而不只是重現現實而已。最後我請照養員代牠們發聲，雖是人類的語言，但照養員是這個世界上最了解牠們的人類，在接近催眠的狀態下，照養員呢喃的道出牠們無奈的心聲，透過破碎單字及不斷的重複，觀看者可以感受到壓迫與不適，讓人們真的像聽到牠們的吶喊一樣，鏡頭下的感同身受，錐心刺骨。

我在想，如果你「聽」得見，怎麼能「視」而不見呢？這個世界，只有人類能毀滅世界，也只有人類可以保護動物。

PART 3

向死而生

Chapter 8

鬼魂日記

人終將一死，
為什麼不向死而生（Born to Die）？

南極點有一個奇特現象，受黃赤交角影響，每年春分從三月二十三日開始，將進入長達半年的「永夜」，半年都是二十四小時伸手不見五指的漫漫黑夜（人稱極夜），所有冒險英雄都要先穿越這段長達半年的心理闇黑期，耐心等待九月二十三日秋分的第一道陽光射進來，命運才能開始翻轉，這時南極進入半年的「永晝」，永晝日不落，二十四小時太陽不下山。

極度的高反差，一如憂鬱的情緒波濤，我問自己，是否有勇氣找到屬於我「永晝」的第一道光。

我的職業敏感特性、我的家族憂鬱因子，加上我日益下沉的病識感，讓我對「生死」非常著迷。每個人，一生在世間遊走、在宇宙間迴蕩，原本應自由茁壯的靈魂，總被世人認定的價值綑綁，有時奄奄一息。但成敗能論英雄嗎？所謂的價值到底由誰定義？

南極的渺渺之行，意外讓我看到了一個百年交錯的畫面，在漫天風雪的南極大地上，百年前南極點爭霸的兩位英雄挪威探險家羅阿爾·阿蒙森，以及英國上校羅伯特·史考特，他們恍然正從我身邊交錯而過。挪威阿蒙森是世界第一個征服南極點之人，是世人歌誦的成功英雄，但他的榮光最終仍和他一起埋葬於他下一次的北極征途；英國史考特是第二個抵達者，驕傲的英國魂怎麼能容許失敗，他是帶著多大的恥辱和恐懼，一步一步繼續前行尋找達爾文演化論的舌羊齒化石，原以為失敗的他，卻證明了偉大的生物演化史。

生死何懼？人一出生，都是「向死」的過程，時間進入倒數，所以我們會害怕生病、恐懼死亡，但德國哲學家海德格說：

「生命本身就包含死亡的種子。」

這顆死亡種子，究竟因倒數計時而心生惶恐身心耗竭？還是因倒數計時，反而激發出珍惜生命另一種覺醒的力量？阿蒙森和史考特好像已告訴了我答案，既然人終將一死，爲什麼不向死而生（Born to Die）？

我突然醒了。我，似乎不再害怕。我相信，終點就是下一個起點，只要再跨一步，一切都會向死而生。

—

夢，有時是一種寄託、也是一種治癒……。

南極冰封大地上，聽說這裡有一個入口，是通往宇宙平行世界的旋轉門，可以叩問宇宙跫音。我幻想我就是天選之人，可以任意進入轉換時空，在我生命的過去、現在、未來世界裡自由穿梭，遇見歲月時光中所有好與不好的自己，甚至可以利用時光之門改變已知和未知的命運。

過去幾年，心理諮商師常常聽我說夢，甚至我的作品也常使用夢境的語彙。我不是很了解這代表什麼。有人說透過夢的形式，可以將心底壓抑、害怕、焦慮、不願承認的種種反應，拋進潛意識裡，那恰巧是現實中困境的一種補償心理，映照出另一個自己。

十二月二十日，當台灣前進南極點長征隊愈來愈靠近南極點時，我的體力及精神已經介於臨界點，那種感覺很像我在參與媽祖多日遶境時，明明在走路卻以爲自己是在夢中的狀態。這段時間夢越來越頻繁，現實時空中又常陷入視覺幻覺……此時旋轉門出現了，我眼前如眞似幻出現了這個畫面，不同世代的冒險家們的身影彼此流動著。我在工作日誌上這樣寫著：

「當台灣探險隊愈靠近南極點時，我有一種百年時空交錯的感覺或錯覺，彷彿百年前那場征服南極點的戰役尚未結束，百年後的時空讓我們三組人的生命軌跡重疊在一起。

一樣是長征漫漫之路，我看見挪威冒險家阿蒙森，在成為第一個征服南極點之人後，腳步輕盈在回程的路上從我身旁走過；另一邊，落後的英國冒險家史考特仍費盡全力往極點走去，當下他們還不知道輸贏。

我，站在中間，三路人馬疾疾交會，那一刻心靈充滿悸動……。」

漫天風雪路上，三者都在南極點漫天風雪的路上重逢，站在這三組隊伍中間的我，不在乎世間定義的成敗，也不在意世人定義的英雄，我們都只是生命長征路上的趕路人，無盡風雪聲中只有冒險者的惺惺相惜……。

這是南極大地百年冒險長征中，最令人驚心動魄的故事，也是西方世界最慟人的超級英雄史詩。百年前，一九一一年十二月十四日，由挪威探險家羅阿爾．阿蒙森在南極點插下第一面勝利旗幟；另一隊由英國上校羅伯特．史考特帶領的英國探險隊，也在一九一二年一月十七日抵達了南極點，兩者前後僅差三十四天，史考特飲恨落敗。前者歸來成了南極英雄，後者卻永久長埋萬年冰川下。

神聖的歷史一刻，誰輸誰贏？這考驗著人類對價值的認定，難道第一就意味著全部，第二就意味著全無？

我們爲什麼需要英雄？是因爲人類太渺小太脆弱，所以在人類的運行機制裡，設計了神話、童話以及電影中的超級英雄，用英雄的想像來彌補我們的脆弱，也捍衛我們的脆弱。

但成功英雄真的可以捍衛我們的脆弱嗎？失敗英雄難道沒有價值嗎？出發前，我讀了阿蒙森的日記，那就是一本典型的成功傳記，他完全符合世人認定的冒險英雄形象，一切好棒棒！但真的親身走過零下四十度的南極大地後，我卻對世人眼中的失敗英雄——史考特開始著迷。我對失敗英雄及其死亡有種說不出的迷戀，我認爲英雄的靈魂可以超越生死。

1911 ～ 1912 年阿蒙森（紅色）和史考特（綠色）的南極探險路線。
圖源｜ Jeffchu2014，CC BY-SA 4.0，Wikimedia Commons

我想跟史考特的鬼魂對話。

南極歸來，我請同事去向英國國家圖書館申請了史考特的日記（電子檔），厚厚三大本的日記，自此我開始了一場與史考特鬼魂對話的絮語。我好奇也詢問他，在得知阿蒙森已先一步取得勝利時，他是以什麼樣的心情，支持自己繼續走下去？

回到南極現場，二〇一八年十二月二日，「四季」號帶著歷經二十八天風雪折磨的我們，一路狂飆四十小時後，終於來到相對溫暖的海岸邊。這裡是羅斯冰棚與南極大陸交會的海岸線，同時也是百年前阿蒙森冒險路線陸地的起點，陽光依舊日不落，我的智利時間卻已是凌晨裡兩點。

爭霸南極點雙雄：阿蒙森（上）與史考特（下）。
圖源｜Bettmann（上）& Hulton-Deutsch Collection（下）/Getty Images，Discovery 提供

爲了向阿蒙森致敬，我們選擇的長征滑雪路線，就是百年前從鯨灣到達南極點的阿蒙森路線。我們紮營在相對溫暖的羅斯冰棚和南極大陸交會的海岸邊，但再溫暖，氣溫也只有零下十度。累癱了，我終於坐下來吃了太空食物及台灣帶來的泡麵，收拾起一路凌亂複雜的心情。十二月三日上午十點，在一片白茫茫的大地上，大夥象徵性插下自己的滑雪杖當作起點的標誌，歷經「一而作，二而衰，三而竭」的折騰，隊長橘子關懷基金會董事長劉柏園說：「好好享受這一切，這將是我們一生的深刻印記。」然後帶著我們齊聲大喊：「台灣前進南極點長征隊，出發！」

這個宣誓很重要，再度激發起英雄式徒步冒險的熱血，我的空拍機也再度起飛記錄不同的視角，這次我們開始像百年前的阿蒙森一樣，滑雪徒步走向南極點。

前面是無盡的白雪茫茫，我從海岸線交界處回望埃里伯斯山山腳，冒險家傳說這裡有一個「藍色碧空」，聽起來很美？但它其實代表的是殘酷生死。「藍色碧空」緣自荷馬史詩，意指希臘神話中由塵世通往冥府的暗界，是生死交界處。南極有太多未知，在前仆後繼的冒險封神榜英雄中，自然對「藍色碧空」心生敬畏。

———

接下來就從「藍色碧空」說起吧！南極冒險家阿蒙森和史考特，也像生死魔咒，開始走在兩條不同的命運叉路上。

百年前寂靜的大地，我彷彿看到這樣的畫面：一九一一年十月十九日，南極歷經五個多月的酷寒永夜一過，阿蒙森看到第一道曙光，就迫不及待出發，因爲他知道他和史考特的冒險競爭開始了，一刻都不能等！阿蒙森選擇從羅斯冰棚東角的鯨灣出發，順著東經一六三度線南下，這是前所未有人走過的「鯨灣路線」，五個人帶了五十二條狗和四架雪橇，越過阿塞爾海伯格冰川（Axel Heiberg Glacier），直接登上南極高原。

同年十一月一日，萬事求全的史考特上校隊伍也從羅斯冰棚西角麥克默多灣（McMurdo Sound）的埃文斯角（Cape Evans）小屋出發，足足比阿蒙森晚了十二天。史考特之所以這麼有信心，因爲他早就是世界級赫赫有名的冒險家，早在一九〇四年南極探險中，他就創下了到達南緯八十二度的新紀錄，並發現了南極高原。南緯八十二度離南極點只有八度之差，沿著熟悉的比爾德摩冰川（Beardmore Glacier）路線前進的史考特，看似一切勝券在握，但意外的暴風雪、糧食不夠、指令混亂，命運之神對他開了一個大玩笑。

阿蒙森出發的地點是鯨灣，橫向離史考特出發的埃文斯角小屋只有三百二十公里，看似站在相同的起跑點上，但兩人的命運卻截然不同。我心想，當年阿蒙森先馳得點到達南極點之後勝利的回程，史考特是不是也恰巧正從他身邊不遠處奮力朝極點前進。英雄交手，不經意的擦身而過，竟在同一塊大地上，同樣冰雪下，奮力喘息呼吸著，命運造化的時空，一人是多麼興奮，一人是多麼恐懼。

阿蒙森的成功象徵著世人英雄崇拜的路線，只是當台灣前進南極點長征隊愈接近極點，我感覺到百年時光停格，冥冥之中，史考特也彷彿在我身旁走過，就像當年阿蒙森從他身旁走過一樣。

這世界一直是一個輸贏的世界不是嗎？我在工作日誌中寫下：

「英雄就真的是英雄嗎？悲劇英雄就不是英雄嗎？」

雖然阿蒙森和史考特路線看起來差不多等距，究竟他們是因爲什麼決定了命運，造化又怎麼決定了結果？

———

南極點爭霸最大的驚爆點就是，英國史考特原本駕著「新地號」(Terra Nova)帶著英國皇家使命向南征服南極點，而挪威阿蒙森駕著「前進號」(Fram)長征的目標是相反的北極點，地球一南一北，兩路英雄背道而馳，南轅北轍相差了兩萬公里。

但是沒想到一九〇九年九月六日，突然傳來美國探險家羅伯特．裴瑞(Robert Peary)宣稱他已登上了北極點，阿蒙森徹底夢碎，但精於謀畫的他，立刻調頭轉向，從兩萬公里外的北極直驅南極，要與史考特一爭高下，爭取在世界最後一塊尚未被發現的冒險地——南極點插旗。

阿蒙森一百八十度的大轉彎，引起巨大爭議。一直到離開大西洋最後一刻，他才發電報給史考特：

「僅告知你，前進號正前往南極。」

阿蒙森的奇襲，史考特知道對手來了。

五個多月的南極冬天永夜即將過去，一九一一年九月十二日，當第一道曙光照進南極大地，儘管氣溫嚴酷零下五十六度，勢在必得的阿蒙森就迫不及待地從鯨灣出發，卻被急凍的強風逼得被迫折返。十月十九日，他再次出發，比史考特的行程還是整整早了十二天，鯨灣離南極點的距離也比史考特的起點少了九十六公里。

史考特擁有大英帝國的驕傲，雖然他知道阿蒙森的存在，卻依恃英國傾全力提供的資源，遲至十一月一日才出發。

那時正是工業革命後英國最驕傲的時刻，但史考特出師未捷，尖端的機械雪橇一出發就拋錨了，沒多久西伯利亞馬匹也因適應不良全部倒下，狗隊也因極地訓練不良被迫折返，光榮的大部隊最後只能以人力縴夫拉行，完全失算。

阿蒙森則是輕裝疾行，他和四位隊友都是滑雪高手，他們帶著五十二隻愛斯基摩犬出發。阿蒙森善於算計，狗不但成為拉雪橇的主力，也是他們糧食的主力，可以隨時用以充飢。阿蒙森的靈活，讓隊伍很快就到達了冰障盡頭，他要走一條前人未走過的路。憑藉多年的極地經驗，他發現了一條非常清晰的路線，可以沿著一座三十海里（五十六公里）長的陡峭冰川一路爬升到南極高原。

這個新發現的冰川，阿蒙森最後以他的大金主命名為「阿塞爾海伯格冰川」。

十二月八日，疾行十八天後，阿蒙森已經打破了英國探險家薛克頓（Ernest Shackleton）創下的向南極探險的最遠紀錄——南緯八十八度二十三分，離南極點只剩不到二度，準備最後衝刺。

一九一一年十二月十四日，阿蒙森走在雪橇的最前面，搶在下午三點抵達了南極點，成為世界上第一個抵達南極點之人。那時挪威剛獨立，還是初生小國，阿蒙森驕傲地插上挪威國旗，建立了征服南極點的「極點之家」，並將極地高原命名爲「哈康七世高原」（King Haakon VII Plat），向挪威國王致敬。阿蒙森發電報通知了全世界，《紐約時報》隨之宣告：

「現在，整個世界都被發現了！」

阿蒙森說：

「沒有哪個人最終實現的目標同他的初衷如此背道而馳。北極——在魔鬼的驅使下——我從童年起為之心馳神往，而今，我站在南極點上。還有什麼能比這更瘋狂的嗎？」

同時在另一端，史考特仗著已知的路線，從比爾德摩冰川一路爬上南極高原。從史考特的探險經驗來看，英國隊完全有十足把握，但冒險永遠是冒險，不到最後一刻，沒人知道命運之神如何翻牌。

在《人類群星閃耀時》一書中描述，史考特全隊已開始不安，他們隱約目測到，無垠雪地上居然出現一個個石頭疊起來的小黑點記號。他們不敢說出自己的臆測，但所有人的心中這時都掠過一個可怕的念頭：有人（阿蒙森）已經先他們一步到達南極點。史考特知道，早他們十二天出發的挪威探險隊，正在和他們競爭這個人類史上的第一，不是成就是敗。

隊員們驚慌地繼續前行，並一再試圖相互隱瞞，儘管他們都已經猜到了眞相：挪威人阿蒙森可能已經在他們之前抵達了南極點。

放棄？不放棄？都是可怕的煎熬。一九一二年一月十七日，史考特一行終於到達了南極點，足足比阿蒙森晚了三十四天。全隊最後一滴熱血很快就被眼前的事實打擊：雪橇板上拴著一面挪威的國旗，旁邊是對手搭起的「極點之家」、直立的雪橇和狗的殘跡，證明阿蒙森已比他們先到過這裡。※

人類歷史上第一的光榮時刻已經拱手讓人，破碎的夢要怎麼走下去？回程信心潰散的他們如何穿過暴風雪、忍受糧食的困窘走回基地？又該如何面對江東父老和失敗的恥辱？史考特在日記中寫道：

「所有的艱辛，所有的忍耐，所有經受的折磨都為了什麼？」

「糟糕透頂！」「白日夢終醒。」「老天啊，這裡真是個傷心地。」

「一切只是為了現在這個已經破碎的夢。」

我和時空錯置中白雪下的鬼魂對話著：偉大的夢，真的只是爲了爭第一嗎？

更糟的還在後頭，即使失敗，帶著使命未達的屈辱感，他們還是得活著回家。回程之路比前往南極點時更加艱險。隊伍在撤退途中首先失去了埃德加・伊文思（Edgar Evans），他在爬下冰川後受傷，最終於一九一二年二月不治。大約一個月後，勞倫斯・奧茨（Lawrence Oates）因爲嚴重凍傷，雙腳已經壞死，深知自己難以再前進。爲了不拖累同伴，他在帳篷裡留下最後的話：

「我出去一下，也許要一點時間。」

說完便毅然走入暴雪，再也沒有回來，那一天正是他的三十二歲生日。

剩下的史考特、威爾森與鮑爾斯繼續掙扎前進，但風暴持續不斷。最終，他們在距離補給站僅約十八公里的地方被風雪所困，糧食與燃料耗盡。一九一二年三月下旬，三人相繼在帳篷中去世。後來搜救隊在他們遺體旁找到日記與遺書，記錄下這段悲壯的最後旅程。※

向死求生是怎樣的心情？也或許是向生求死吧！我在《史考特日記》中看到，史考特要他們每人都跟同隊的威爾遜醫生要了十顆鴉片球，以便在臨終時能快速死去。

史考特來自驕傲的大英帝國，眼中根本瞧不起挪威這個海盜國家。基本上大英帝國的驕傲不允許他輸，他的驕傲也不允許他輸，因爲卽使他生還，回到倫敦就是一個輸家，什麼也不是，而他將背負著終身的嘲笑和謾罵。

我在他最後一篇日記中，看到他直面死亡的決心，因爲他手指愈來愈僵硬，不斷放大的字，筆從他手中滑落，一切一切都血淋淋地記錄著悲劇英雄的最後一刻。我好像懂了，好像聽懂了鬼魂在訴說著悲劇英雄的絕望與壯烈，在那僞裝成風雪聲一絲絲的低鳴中。

暴風雪過後，其他留在基地的隊友終於找到了史考特與隊員的遺體，悲慟的隊友在附近的山丘上立起了一個十字架，上面刻有英國桂冠詩人丁尼生在〈尤利西斯〉的詩句：

「勇於拚搏，勇於探索。勇於發現，絕不屈服。」

※此處描述參見《人類群星閃耀時》（*Sternstunden der Menschheit*），史蒂芬．褚威格（Stefan Zweig）著。

※史實參考：Robert Falcon Scott, *Scott's Last Expedition: The Journals*. Wikipedia "Terra Nova Expedition". Wikipedia "Lawrence Oates". Medium〈三極探險故事（二）：南極的英雄時代〉。

史考特準備南極點長征運輸用的馬匹。圖源｜Bettmann/Getty Images，Discovery 提供

英國探險隊員搭雙層帳篷，約 1911 年。攝影｜Henry Bowers；圖源｜ The Print Collector/Getty Images，Discovery 提供

悲劇英雄不是英雄嗎？英國探險隊成員（左至右）：奧茨、鮑爾斯、史考特、威爾遜、伊文思。圖源｜Bettmann/Getty Images，Discovery 提供

史考特於南極基地營寫日記，1911 年 10 月 7 日。攝影｜Herbert Ponting；圖源｜ Wikimedia Commons

史考特和隊友威爾遜、鮑爾斯（Henry Bowers）遺體被發現的帳篷與埋葬地。圖源｜ Wikimedia Commons

英國探險隊在後段期間僅能靠人力拉物資。
圖源｜ Wikimedia Commons

2018 年 12 月 22 日，台灣前進南極點長征隊為台灣寫下越野長征南極點的歷史紀錄。

聯合冰川營地。在南極這片白茫茫的大地上，流動著不同世代冒險家們的生命長征。

創作的魔力在於，即使現在的我們已經知道結果，依然可以重回現場，假設當下所有未知，如果重來會發生什麼？如果重新選擇，又會有什麼不同？人生會不會改寫？歷史會不會翻盤？

現實的人生是走在線性的歷史時間軸上，看註定命運的因果，但在我的創作上，其實有著非線性的自由。難道就是因爲這三十四天之差，就是生死相隔的命運？英雄與失敗者之別？我心中的英雄是什麼？我相信的成功是什麼？成敗只能是二元評價嗎？

去南極之前，我遇到了創作上的瓶頸，有能量的不足，有別人的眼光，有自我期待的落空，有核心價值的懷疑，我還相信成敗二元論嗎？

命運公不公平難以斷論，競爭也沒有對錯，英雄只不過是一連串對命運選擇的結果，而人生最終，一切都是體現自己選擇的價值。

原本英雄各自的南北長征，搖身一變成了直接的南極點競爭，但兩者根本是截然不同的冒險目的，我覺得就像奧運比賽和得諾貝爾獎完全不同一般，阿蒙森唯一目標，像奧運一樣，就是爭第一個到達南極點；而史考特的任務，除了在南極點插旗榮耀祖國外，還負有證明達爾文演化論與舌羊齒的地理關聯的任務，一如爭取諾貝爾獎。

這場英雄史詩並未完全結束，歸來後的阿蒙森還是繼續投入北極探險，他在一九二六年帶領義大利飛艇「諾格號」（Norge），首度飛越北極點上空，成爲空中征服北極的兩極英雄。但這個名噪一時的兩極英雄，最後也在一九二八年北冰洋救援行動中失蹤死亡，長眠北極。

在無邊無際的南北極雪原和冰川上，所謂的英雄，究竟是什麼？

看似競爭失敗的史考特，其實在南極科研上取得了巨大的成就，不論是在南極找到證明達爾文進化論的舌羊齒化石，對地磁觀察、地質鎚、經緯儀、氣象百葉箱，甚至到隨船而行的浮游生物網等數十項研究，對後世科研都有極大的貢獻，只是人們太在意勝敗那一條線。

在荷馬史詩中，讓兩個西方世界尊崇的英雄原型同時並存，一個是《伊里亞德》中的阿基里斯，代表的英雄價值是力量，他的世界是純粹的，也是簡單的；一個是《奧德賽》中的奧德修斯，代表的英雄價值是智謀，他的世界是多元的，也是複雜的。兩種荷馬式西方的英雄，不是只以成敗論英雄的，他們有各自的強項，更有弱點，更符合人性，雙英雄也令人玩味。

美國於一九五七年在南極點附近建立的南極科考站，破例以「阿蒙森—史考特」雙英雄命名，或許就像荷馬史詩的雙英雄一樣，不論成敗，阿蒙森的智取與史考特失敗後的堅持，都是英雄身上不可或缺的基因。

最近「南極英雄百年紀念報告」中，研究人員說，當初阿蒙森在南極點建立的「極點之家」的帳篷和標誌，已移動被埋在南極點以北一分緯度（大約一海里）處十七米的冰下。而當年埋葬史考特山丘上的十字架，也因爲冰移，愈來愈接近羅斯海，往他心心念念的家鄉移動。

人生就是一連串的選擇，不一定會帶我們到達世俗意義上的美好結局。南極英雄阿蒙森爲南極而戰，最終死於北極；悲劇英雄史考特決定爲大英帝國和科考而戰，帶回重要的舌羊齒化石，卻長眠南極冰下。榮譽、英勇、智慧、責任……，正因爲都是他們自己做的決定，任何結果都是個人價值的體現，不論成敗，就算痛苦，也是人類戰勝命運的證據。

我的夢帶我進入了雙英雄的平行世界走了一回，有一個鬼魂的聲音這麼回了我：

「不論輸贏，還好我們有夢，還好我們並未脫離心靈本質的存在！」

Chapter 9

冒險 DNA

如果沒有選擇未知難行的前路，
文明怎麼一步步向前？

為什麼人類要冒險？是什麼基因讓他們勇往直前？Discovery曾經對冒險家的DNA做過調查，發現冒險者都有一特色，就是腦中的多巴胺分泌暢旺，心生冒險之心，但我的憂鬱可是腦中極度缺少多巴胺之人，卻踏上了南極冒險之路。

我在想，究竟什麼才是冒險者的DNA？除了能評判的醫學條件之外，那些深藏在血脈裡的勇敢和情懷又扮演了怎樣的角色？所謂生死，究竟是靈魂的終點還是下一個起點？人要怎麼向死而生？

南極行，我開始相信生死契闊，可以超越生死！十九世紀後，人類學和歷史學家開始相信「英雄」可以進入鬼魅世界，然後絕後重生，這種死而後生的昇華，被視為「死亡的高貴」。但現在駐留我心中的不再只有成功英雄，失敗也是英雄，他們都已超越生死，我看見人類情操昇華後「死亡的高貴」。

死亡的高貴，是生死相許的情懷。

南極冒險吹起的號角，絕不僅僅是爭奪「第一」的桂冠，一塊化石，一天不差，一度的未知，冒險DNA都可能決定輸贏。漫天風雪，不斷試煉的不只是冒險家的智慧，更考驗英雄的天地情懷。

一塊石頭，竟叫人生死相許。

這是南極冒險史上最令人唏噓的一幕。悲劇，緣自史考特自己明知在南極點爭奪戰上輸了全部後，他們仍堅持拖著十六公斤的舌羊齒化石，走完人生最後一程。這一塊化石，除了證明了達爾文的演化論之外，不幸也成爲壓死駱駝的最後一根稻草。

史考特親眼見到對手挪威國旗時的潰敗，驕傲的英國魂大夢粉碎，再回頭，一千四百公里的路程要如何走回去？史考特一行愈來愈失去鬥志，惡劣的環境讓每個人都出現壞血病徵兆，但他們還是克服身體和心理的痛苦持續做著地質調查。回程是折磨的，他們選擇繼續前行，走下比爾德摩冰川後，繼續往巴克利山（Mount Buckley）下的冰磧前進。

史考特在二月八日的日記裡寫道：

「這片冰磧太有趣了，我決定在此紮營，把剩下的時間都拿來做地質研究。我們發現自己在畢肯砂岩的陡峭懸崖下，它正迅速風化，而且帶有貨真價實的煤層，眼尖的威爾遜從煤層裡撿走了幾個植物的拓印，其中還有幾個煤塊帶有層層葉子的痕跡。」

史考特在一九〇四年第一次遠征時就已在南極發現了「煤層」，證明植物在南極曾經盛極一時，隨後另一個英國探險家薛克頓則發現了「植物化石」。二次出征的史考特，肩負找到岡瓦納大陸相連的證據，以證明達爾文的演化論。

絕望中的一絲希望，讓隊中威爾遜醫生，立即發現畢肯砂岩藏著的植物化石很像舌羊齒，在潰散的士氣中大振人心，所以史考特一行在最後的旅程中，即使氣盡糧絕，依然堅持拖著十六公斤的化石走了五十多天，直到走不動，嚥下最後一口氣。

我在想，如果他們放棄拖行化石以保有更多的體力，是不是就可以活著回來？但沒有如果，讀著他們的日記書寫至此，沒有人不淚目。我在想，舌羊齒化石正是他們絕望中的希望，他們是怎麼走完最後一哩，也不願意放下十六公斤化石？冒險的DNA，除了追求競技第一外，宇宙中是否還存在一種情懷，天大地大，也許我們有足夠的智慧，用時間去沉澱出另一種英雄價值。

死亡的高貴，是不懼艱險，排除萬難。

冒險DNA，背後也是信仰的文化。

來自挪威的阿蒙森突然從北極轉向南極，所有人都質疑這是「世紀大欺騙」。他是藝高膽大的極地職業探險家，早在一八九八年，就曾隨比利時號探訪過南極，一九〇三至一九〇六年，他也曾帶領僅六人團隊駕著四十七噸、十三馬力的單桅小船佳阿號（Gjøa），率先打通北極的西北航線。在一九〇九年的日記裡，阿蒙森就有了征戰兩極的精密規畫。

阿蒙森規劃他的南極點征服之旅，在日記本上他寫下這樣的預測：

「我們將在一月二十五日返回南極基地。」

阿蒙森有「白色雄鷹」和「極地拿破崙」之稱，他從不把自己囿限在北極，他的冒險地圖是全世界。在阿蒙森日記書寫的三年後，一九一一年十二月十四日，阿蒙森真的在南極點插下挪

據科學調查，冒險者腦中的多巴胺分泌暢旺，心生冒險之心，但還有深藏在血脈裡的 DNA 讓他們勇往直前。

威國旗，也眞的在一九一二年一月二十五日，一天不差返回南極鯨灣基地。

一天不差，絕不是巧合，而是挪威戰鬥民族維京血液中「迅雷不及掩耳」及「精於計算縮小風險」的DNA。

「生存」的DNA，**是因為北陸荒涼的極地、肆虐的風雪、冰冷的海水，嚴酷的環境不得不逼出的勇氣與智慧**。中世紀維京人憑藉著精確的造船技術及導航能力，在歐洲沿海攻城掠地，生存嚴酷也鍛鍊出天生的冒險DNA。不容閃失，控制風險，稀少的資源更逼出了精準計算的能力，維京人在造船及建築上的專業也舉世稱奇。

回想出發前，我們到冰島瓦特納冰川受訓，途經首都哥本哈根，在餐廳戶外居然看到一排排整齊的嬰兒車，原以爲只是空車，走近一看，沒想到裡面居然是一個個活生生的嬰兒，當場嚇一大跳！原來這就是維京人冒險基因的由來！在惡劣的環境下，嬰兒也必須時時接受酷寒的考驗，學習生存。

排除風險，最重要的是紀律。在南極一片蒼茫的大地上，阿蒙森只想贏，就算暴風雪依然堅持每天隊員前進二十英里（約三十二公里），這也是阿蒙森團隊能夠不斷前進並且生還非常重要的因素。

在天氣好時，每天行動二十英里很容易，在極端惡劣的環境下，要堅持走二十英里，就不容易了。阿蒙森這個「二十英里原則」，主要是控制紀律，天氣好，不要得意忘形；天氣不好，狀態低迷，依然要保持穩定水平。

相反，史考特較隨心所欲，天氣好時，一天會走四、五十英里（約六十四～八十公里），甚至六十英里（約九十七公里）。當天氣不好，遇到暴風雪時，他們就睡帳篷，吃東西、詛咒惡劣的天氣，時常陷入焦慮，狀態不穩。

情緒穩定也是重要的冒險DNA，冰天雪地最怕出汗，因爲一出汗，風一吹就會結冰，會急速失溫。我們的隊伍也是這樣嚴格要求的，在四層極地機能衣下，一旦出汗，就要打開拉鍊，讓汗排除，如果體溫掉到攝氏三十四度以下的失溫就有生命危險。

——————

死亡的高貴，是勇敢走一條無人敢走的路。

冒險，是遵循前人走的路繼續向前，還是走一條從未有人走過的路？好問題，也是弔詭的兩難。

在阿蒙森和史考特身上，我看到了不同的結果。

早在一九〇一到一九〇四年間，史考特與隊友薛克頓、威爾遜醫生第一次征戰南極，就已到達過南緯八十二度十七分，距離南極點只差八百五十三公里。成功的經驗，讓史考特第二次出征時，當然還是選擇了自己的熟悉路線，而且史考特肩負英國皇家地理學會的科考任務，因此他選擇了較遠、但可以取得大量生物、地質、氣象、物理數據的麥克默多灣紮營。這裡地形複雜，羅斯冰棚上的冰縫冰隙險阻重重，魚與熊掌，相對的他得越過萬丈高山的比爾德摩冰川才能直上南極高原。

阿蒙森是剽悍的職業探險家，天生爲比賽而生。他決定走一條無人走過的路——鯨灣路線。他在羅斯冰棚的鯨灣登陸，比麥克默多灣離南極點更近一度，少了九十七公里，並建立了佛雷姆之家（Framheim），從小屋門口就能看到大冰棚表面。

鯨灣雖在浮冰上，但反而比較好走，不像史考特埃文斯角小屋周圍亂冰堆積。而且鯨灣有大量的海豹與企鵝，能大量滿足隊員與愛斯基摩犬所需補給。

小小的一度之差，讓阿蒙森整個征程縮短了九十七公里。儘管鯨灣冬季氣溫比史考特基地低，但整個冬天也只出現兩次中級暴風雪，而史考特基地的埃文斯角小屋卻經常風雪肆虐。鯨灣基地的陸冰沒有冰脊或陡坡，溫和的氣候與平坦的地形，不但可順利建立補給線，也可以趕在春天來臨前提早出發。

這一條無人走的路，全是阿蒙森憑藉自己的極地經驗計算出來的，從鯨灣直接越過冰川直上高原到達南極點，一千四百公里只花了九十九天，回程順風更只花了三十九天。

走一條無人走的路是存在風險的，羅斯冰棚上隨處就是五百公尺的大冰隙，遇到冰障冰隙一切前功盡棄。但冒險就是探尋人類的未知，當然一定要謙卑，像我們這次走的阿蒙森路線，完全遵循一百年前阿蒙森的路徑，踏著前人的足跡，對阿蒙森的精神只有感佩。

探索南極、探索月球、探索宇宙，都在走一條前人未走過的路。冒險ＤＮＡ如果只追求安全，過於規避風險，可能一步也跨不出去，文明可能要倒退一萬步。

史考特（中）首次征戰南極與隊友薛克頓（左）、威爾遜醫生（右）合影，1901 年。
圖源｜ R. Skelton/Royal Geographical Society via Getty Images，Discovery 提供

南極典型的板狀冰山與冰花，約 1908（1909）年攝於英國探險家薛克頓的第二次遠征（1907-1909），後來史考特依循薛克頓此次的冒險路線向前挺進南極點。圖源｜ Getty Images，Discovery 提供

漫天風雪的南極，不斷試煉冒險家的智慧與情懷。薛克頓在他第三次的南極遠征（1914-1916）航途中，搭乘的「堅忍號」（Endurance）船體受困於海冰 10 個月，最終沉沒，但這位冒險英雄最後成功讓全體歷險人員獲救。

薛克頓的第三次南極遠征，堅忍號在威德爾海（Weddell Sea）被海冰圍住動彈不得，後於1915年11月沉沒。圖源｜Bettmann/Getty Images，Discovery 提供

堅忍號船員用網子拖著生物樣本，並用雪橇運送淡水冰到船上作為供水。圖源｜Frank Hurley/Scott Polar Research Institute in the University of Cambridge/Getty Images，Discovery 提供

遠征隊一名成員帶著狗拉雪橇外出尋找食物，遠處背景為受困的堅忍號。圖源｜ Underwood Archives/Getty Images，Discovery 提供

堅忍號船難後困在象島（Elephant Island）的遠征隊成員宰殺企鵝求生，1916 年。圖源｜ Frank Hurley/Royal Geographical Society via Getty Images，Discovery 提供

堅忍號在遠方背景處，前方為遠征隊的觀測站。圖源｜ Frank Hurley/Scott Polar Research Institute, University of Cambridge/Getty Images，Discovery 提供

薛克頓領軍的南極遠征隊基地營，約 1914 年。圖源｜ Hulton Archive/Getty Images，Discovery 提供

遠征隊攝影師登上堅忍號桅杆從高處拍攝。圖源｜ Frank Hurley/Scott Polar Research Institute in the University of Cambridge/Getty Images，Discovery 提供

Emperor Penguins.
both carrying chicks - In the one case the chick pokes his head out clamouring for food - in the other the chick has withdrawn his head & is quite invisible -
Cape Crozier rookery. Sep. 13. 1903.

威爾遜醫生手繪的皇帝企鵝、南極的山脈、冰川、極光和日暈，皆栩栩如生。圖源｜ wikicommons

死亡的高貴，是參透人性，良善與險惡並存。

在高強度的競爭裡，除了冷靜應變，有時候也要有無情的ＤＮＡ。在史考特和阿蒙森的競爭中，最令人熱議的是「犬馬之爭」。

史考特使用西伯利亞種馬，阿蒙森使用愛斯基摩雪橇犬。種馬馬蹄易深陷在疏鬆的雪地裡難以自拔，而狗爪膨起的肉墊則可減壓，在雪上騰躍自如；馬和人一樣，靠全身皮膚出汗散熱，嚴寒下馬毛帶雪汗，立卽變成冰花，而狗是吐舌頭散熱，皮毛反而可以禦寒。馬需要體積龐大的草料，狗卻能就地以海豹爲食，必要時可以「以狗餵狗」或「以狗養人」。

史考特在翻越冰架前，西伯利亞馬全部死亡，後半程全部以「冰上人力縴夫」勉力而行，才會全員陣亡。

策略不同，也決定了冒險ＤＮＡ的生死。糧草先行是存亡關鍵。阿蒙森帶了三噸、四個月充足的補給與燃料，先後貯存在南緯八十度、八十一度和八十二度補給站，並沿途投放乾魚作爲路標。史考特則不然，原本計劃在南緯八十度設置「一噸庫」(One Ton Depot) 主要補給站。但安置當天氣候不佳，運輸馬匹適應不良幾近崩潰，飼養員建議殺掉馬轉成糧食，史考特最大的失誤就是於心不忍，就此鑄成大錯。「一噸庫」最後設在南緯七十九度二十五分，就差七十五分。

也就是這關鍵的七十五分之差（十八公里），史考特全員在回程中因遇暴風雪被困八天，雖然離「一噸庫」補給站只有十八公里，不到一天的路程，但因兵疲糧盡而全軍覆沒。如果當初他接受建議，今天的歷史可能要全部改寫。

死亡的高貴，是引領人類文明一步步向前。

《科學人雜誌》這樣形容：

「一百年前，在一場遠征南極點的競賽中，英國探險隊為了科學研究而繞道，最後雖然輸了這場競賽，甚至在回程中喪命，卻贏了科學真理。」

一九一一年六月六日，在出發前，史考特剛好度過四十三歲生日。首席科學家威爾遜（Edward Wilson）醫生和兩名夥伴破天荒在冬季冒著攝氏零下六十度嚴寒奔赴克羅澤角（Cape Crozier），探索皇帝企鵝並用手套包回三枚珍貴的企鵝蛋做爲生日禮物。

企鵝蛋爲胚胎的發生與演化提供許多資訊，在冰冷的永夜、一片闇黑的世界裡蒐集企鵝蛋，是要對科學有多麼熱愛。威爾遜醫生是劍橋大學自然科學及醫科畢業高材生，也是前述發現舌羊齒化石的人之一。他認爲皇帝企鵝屬於古代鳥類的物種，應該在冬天下蛋及孵蛋，他希望找出皇帝企鵝胚胎是否有爬行動物牙齒演化痕跡，可以證明鳥類是爬行動物演化而來。

威爾遜醫生的美術才華和文化素養最令我震驚。在《世界最險惡之旅》（*The Worst Journey In the World, 1922*）冒險紀錄中，有他全紀錄田野調查，不但手繪的皇帝企鵝栩栩如生，南極的山脈、冰川、極光和日暈，也在他筆下還原重現。在極地這麼嚴峻的環境下，他一手冒險，一手作畫，我看到眞正令人敬佩的全人冒險家。

冒險ＤＮＡ，也是一個英雄的選擇，一個時代的追求。在英國擁有話語權的年代，大家都認爲是壞天氣葬送了史考特，阿蒙森不服自問：「我怎麼就成了壞人？」他說：

「最重要的因素是探險的準備，你必須要預見可能出現的困難，遇到了該如何處理或避免，成功等待那些井井有條的人，人們稱之為好運氣。對於那些不能預見出現困難並及時做出對應的人來說，失敗是必然的，人們稱之為壞運氣。」

南極英雄冒險史詩，我不得不心生感慨，如果沒有人願意在驚濤駭浪中探索未知，人們怎麼可能發現新大陸？如果沒有人願意異想天開的去尋找舌羊齒和企鵝蛋，人們怎麼知道生物的演化，和我們究竟來自哪裡？如果沒有未知難行的前路，文明怎麼一步步向前？

向南極英雄們致敬！

Chapter 10

南極生死書

生命是不可承受之重？還是不可承受之輕？

「這是一個流行離開的世界，但是我們都不擅長告別。」二〇二三年作家米蘭．昆德拉逝世，他的這句話太震撼我。

人生有無數次離開、告別，隨生命的起伏，有的一派輕鬆瀟灑，有的沉溺無法自拔，但每一次、每一次、每一次……離開、告別，串聯出的是不忍逼視的真相卻至情真實。

流行離開，卻不擅長告別，是很多人的痛處。在我生命中，我寫過兩封遺書，第一次是二〇〇八年去北極，第二次是二〇一八年去南極。在這兩個世界的極端，我的告別，卻也是兩個心靈極端。

二〇〇八年第一次去北極，在北緯九十度的盡頭，我從未想過我會回不來。因爲那次探險，是屬於世界大型的極地賽，主辦單位有非常完備的保護措施。遺書並不是眞正的遺書，基於熱血獵奇的心理，比較像偉大冒險的一種宣誓。

十年後，二〇一八年去南極，我的情緒有很大的狀況，心理隱藏的聲音時時出現，創作的撞牆期也令人窒息，我不知道心裡的calling是什麼，反倒害怕別人看我的目光。大哭，想逃，逃到天涯海角，甚至想不回來也很好。

南極四十八天冒險，在攝氏零下二十至四十度環境下，徒步走到世界盡頭，我的心裡雖充滿恐懼卻毫不猶豫。出發前，面對「生死狀」，這一次，我非常認眞的思考。

置之死地，也是一種悲愴的告別。想想，在世界最遙遠的地方，在最後的一線間，你到底要訣別什麼？到底要怎麼說再見？

「最後」這條線，讓我不得不逼視我生命的死角，不是財務、不是成就、不是病痛、不是生死，居然是我跟家人的關係。

我不知道我有多麼放不下我的母親，我有多麼在意家族的自殺陰影，雖然大家都稱我「陽光導演」，總是帶來正能量，但我也有我的陰暗面，就像月有陰晴圓缺，陽光只是一部分事實，看不見不代表不存在。

「必死」和「得生」其實都在於人生最終是否領悟，透過遺書的書寫，好像要我告別那個只有一半的我，讓我去認識另一半未知的我。

征戰南極，始終有一件事十分動容，究竟是什麼讓命運產生和極地對峙的勇氣，尤其在我看了失敗英雄史考特生命最後的日記和遺書，我理解了。

史考特在遇難前，留給妻子凱瑟琳的遺書中寫著：「哦！我的女孩，我知道妳會堅忍的面對它——妳和男孩（兒子）的肖像將會在我的胸前找到……」深情的誓死如歸。

而所有書寫中最精彩的一封，是寫給他的祖國英國：「我們很清楚自己冒了險，天不隨人意，因而沒什麼可抱怨的，只能背負著天意努力到最後……如果我們能倖存，我將向世人講述我的同伴是多麼堅毅、進取、勇敢，以激勵每一個英國人。」

史考特生命的最後一刻是怎麼想的？在《人類群星閃耀時》一書中，史蒂芬．褚威格做了令人動容的想像描繪：「史考特上校的日記一直寫到他生命的最後一刻，記到他手指僵硬，記

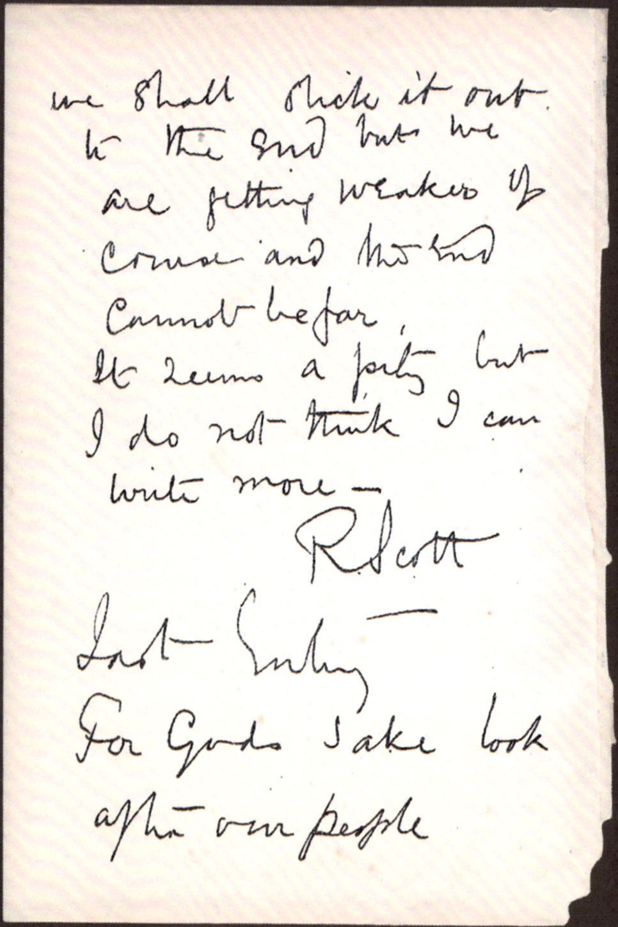

we shall stick it out
to the end but we
are getting weaker of
course and the end
cannot be far.
It seems a pity but
I do not think I can
write more —
R. Scott
Last Entry
For Gods sake look
after our people

史考特日記最後一頁，1912 年 3 月 29 日。圖源｜ Wikimedia Commons

到筆從他手中脫落。他希望人們能從他的屍體旁找到這些日記，來證明他本人和英國人的勇氣。正是這種希望，支撐他超人般的毅力，將日記寫完。最後，他還用顫抖僵硬的手指記下了他的遺願：『請將這本日記交給我的妻子！』但緊接著，他又殘忍而堅決地將『我的妻子』幾個字劃去，並補充了可怕的字眼：『**我的遺孀**』。」

生死的瞬間，從來不是生與死，人類的高光時刻，我覺得有一種「死亡的高貴」，長情足以永存天地，而高尚的人性，才能在最後一刻堅守意志、無懼無畏。

我又何畏呢？多的只是永遠的掛念。

這次南極冒險計畫，準備了將近兩年，尤其是安全。橘子關懷基金會把隊員們的安全係數拉到最高，個人裝備已經是極地生存的最頂規，雖然這趟前進南極點的路程是跟隨百年前挪威阿蒙森的路線，縱有成功的案例，但基金會還是透過探險顧問公司購買近兩年的衛星空照圖，查詢規劃路程中有沒有冰隙，避免隊員們陷入危險。

冰隙指的是冰層產生的裂縫，淺則四、五公尺，不小心踩空起碼骨折，若深則近千公尺，墜下就是屍骨無存。並不是每個冰隙都能被偵測或看到，空中落下的冰雪會把不寬的冰隙遮蔽住。儘管已經把安全做到最好，但沒有人有把握一定能夠安全回家。出發前，我們所有人都被要求寫遺書……是的，遺書。握筆時，腦袋一片空白。

說來荒謬，怎麼會拍紀錄片拍到要先寫遺書呢！最困難的往往是第一個字、第一句話吧！考慮許久，本書僅呈現給孩子的書信，因爲給父母及妻子的遺書過於私密就不收入。

這是一個父親的告白：

置之死地，「最後」這條線，讓人不得不逼視生命的死角。

孩子，我一定是還沒想清楚如何成為一個父親，才會做這樣的決定，南極在非常遙遠的地方，這裡看似危險，但也讓我小心翼翼地走每一步路，反而在你們熟悉的城市生活現場，感覺安全的地方，有時潛藏著危險而不自知。希望你們了解，奪走我生命的不是危險的環境，而是意外。如果我沒有回來、如果這封信成為我最後的言語，我第一句要說的是：

請深深地愛著自己，就如同我深愛你們一樣。

多年前我看了西藏磕長頭的紀錄片，那些人雙手高高舉過頭頂，然後經過前額、胸前，最後全身俯臥在地。以等身叩拜的人們，他們付出動輒二、三年的時間，漫漫長路跋涉千里來到西藏拉薩，用這樣的方式洗滌自身的罪孽，我當下想著這樣漫長的苦行為什麼能讓自身更清明呢？

看著看著，突然一股熱淚浸潤了眼眶。

孩子，我不確定這個答案是否完整，關於「罪」，我們是否過於簡化它了，罪並不單指犯罪、過錯，就像那群磕長頭的藏民，他們終其一生過著單純的遊牧生活，何罪之有？但生命是複雜的，心靈總易陷入困境，在釐不清楚時，人們只能用「罪」此一字眼來囊括這一切困頓。我被他們那樣的心靈純淨深深感染，如果可以，我也想通過這樣的洗滌整理自己，整理那些困頓或罪。

南極的一片雪白，讓路程更潔淨，而南極點就是我的拉薩。

若我真的無法回來，可以感受得到這封信應該會為你們二個孩子帶來巨大的難過與不解，甚至會懷疑是否因為自己做錯事所以父親不再回來。

孩子，完全不是這麼一回事，過去幾年我一直處在非常混亂的狀態，我會因為姊姊妳犯了小小的錯誤，例如沒有刷牙，就把妳痛罵一頓，像是犯了滔天大罪一般。每次情緒爆發完，我都陷入陰暗深沉的地獄裡，非常痛苦、非常心痛，卻提不起勁向妳致歉，一點力量都沒有，而我這樣的失控相信也在妳心裡留下傷害。

如果有罪，這是我對你們的罪。

你們的媽媽是一個樂觀開朗的人，姊姊妳像媽媽，聰明開朗，這也是我比較不擔心妳的原因。我反而比較擔心弟弟你，你太像我了，矛盾的是我多麼希望你不要像我又多麼渴望你像我，很衝突是吧！我知道自己的憂鬱狀況，也明白這樣的情緒會跟著我一輩子，我希望這條從我外婆開始的自殺陰影，不要在你身上顯現。但才五歲的你，卻總是如此深沉的說出一些老靈魂才會說的話，雖然我總愛在別人面前對你開玩笑說：「多多，你也太憂國憂民了吧！」但一轉身，我是焦慮的。

如果我沒有回來、如果這封信真的成為我最後的言語，我第二句要對你們說的是：請別被基因控制，環境及愛會戰勝一切。

幾年前，正在將三、四十年前的老照片數位化時，我看到好多張全家福的照片，裡面有你們阿公、阿嬤、爸爸和叔叔，不管是哪一張照片，你們阿公和我弟弟永遠都是帥氣的黑狗兄造型，還有燦爛的笑容。而我總是和阿嬤一樣略為深鎖眉頭，也不知在擔心什麼。在成長的過程中，我的弟弟也就是你們的叔叔總是展現開朗且具創意，而我總是埋頭的一步一步往前苦行。

一張照片似乎道出了家族成員性格的隱性脈絡，從很小的時候，我總會揣想你們的阿嬤在想什麼？在擔憂什麼？想著想著自己就這樣栽進去一個無法跳脫的情緒輪迴裡，我也不清楚自己為什麼要這麼做？多年後，隱約知道或許是不願意讓阿嬤自己一個人孤單吧！就算在那個憂鬱深谷的地獄裡，我也希望能夠陪著她一起受苦。

生命的奧祕或彆扭，總是無法說清的，是吧！

你們身上都有我二分之一的基因，阿嬤四分之一的基因，阿祖的八分之一基因，發現了沒有，比例越來越少。或許基因很強大，但別忘了我們每一個人對你們的愛足以超越一切。

最後一定要讓你們知道的是，這趟南極的拍攝行程，不是一趟向死而行的計畫，就像我認識許多冒險家、登山家一樣，真正的冒險都不是冒生命的危險，而是經過充足的準備，我也是一樣，差別只是我正處於情緒困擾的當下，但更具意義的是我知道這是一趟向死求生的旅程。

在跟同行的隊友討論過後，他們選擇在出發前把遺書收好，等安全回家時再把信件燒毀。我則是期待二個月或三個月後回到台灣時，把這封信從常用的背包裡拿出來，可以的話跟你們一起讀它，分享心情。

從很小的時候，我總會揣想母親在想什麼？在擔憂什麼？

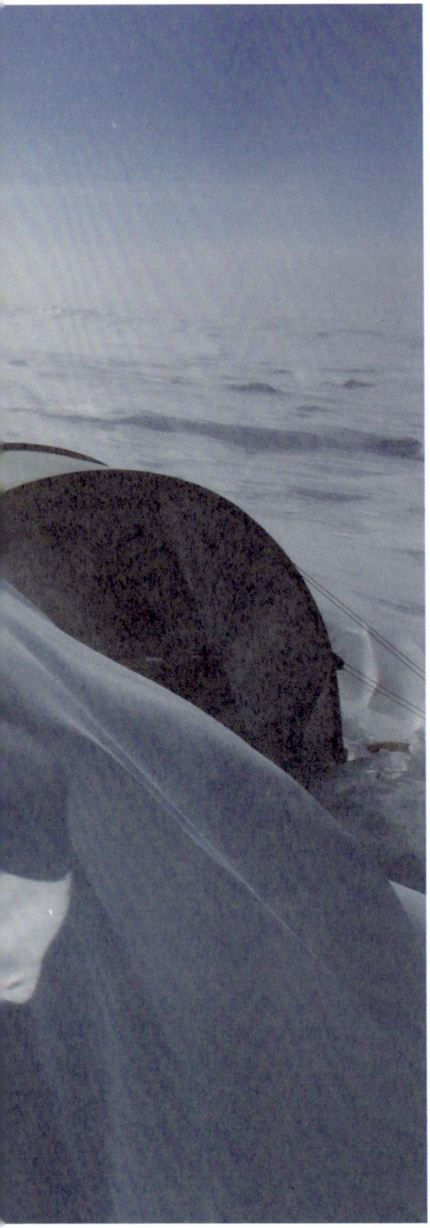

有一種「死亡的高貴」，長情足以永存天地，讓命運產生和極地對峙的勇氣。

怎麼樣也沒想到，在我出發南極的二週後，女兒從我常用的背包裡翻出這封信，九歲多的她似乎知道這封信是什麼，哭著跟妻子說：「爸比寫遺書……。」接下來的每一天總是抱著我的枕頭才願意入睡，也不准清洗枕頭套。這些事情都是我從南極歸來後經妻子轉述才知道的。

我曾多次希望跟女兒聊聊遺書這件事，她總是拒絕，我心想可能已經對她造成傷害，或許需要多一點時間，她才能釋懷。唉！這可能是她須面對的生命課題，卻總被父親糾纏著。

——————

生命究竟是不可承受之重？還是不可承受之輕？

其實我的遺書，在我出發去南極後兩個星期就不見了。我太太傳來一張照片，是我女兒蜷縮在屋子角落的照片，不知道她是怎麼在我後背包裡翻找到我的遺書的，我猜想她很生氣，認爲遺書就是代表我的不告而別。直到我從南極回來，一向獨立的她每晚都要抱著我睡才能睡著，彷彿深怕我又不見了。

我們總是離開，要怎麼好好告別？遺書，是消失的告別，還是另一個生命轉折的起點？

南極歸來後，我覺得變得愈來愈輕盈了。就算我已到過最遙遠的地方——南北極，但是這世界眞正最遙遠的距離，不是兩極，而是自己認識自己的心靈過程。四十八天，天天行走在三千公尺冰覆的白色大地上，我終於明白了我的明白——

勇敢面對未知，去尋找每個人心中的那個南極！

怎麼會拍紀錄片拍到要先寫遺書呢！前進南極點，沒有人有把握一定能夠安全回家，遺書，是消失的告別，還是另一個生命轉折的起點？

Chapter 11

南極點

站在不設限的南極點上，
我要自訂自己的時區，走自己的路！

憂鬱，常讓人深陷迷霧，懷疑人生找不著方向。

世界就是這麼奇妙，在地球最遙遠的南極點上，我居然找到了答案。當我站在南緯九十度的南極點上，從這裡出發，任何方向都是「北」，就像北極星一樣。人們理解的時間、空間計量規則在這全都被打破。在南極點上，今天也是昨天，一切歸零，生命的時間軸完全由我決定，甚至原地自轉一圈，我就已完成環遊世界！

南極點，腳踏東半球，同時也站在西半球，不問東西。更妙的是，如果兩個陌生人從地球任一角落出發，一路向南，最終也會在此相遇。

人的時間、方向、生命，其實都是自由的，只是被人們自以為是的時區限制住了。

現在開始，我要自訂自己的時區，走自己的路！

二〇一八年十二月二十二日晚上六點，我站上了南極點。

從聯合冰川基地營出發已一個月，台灣前進南極點長征隊克服食物不足、更改路線、凍傷失溫等各種極限挑戰，終於攻上了神聖的南極點。此刻的心情十分複雜，一切來之不易，我想在這點上擁抱全世界，不論東西南北，不分信仰人種，不管衝突紛擾，站在這裡，三百六十度經線終極匯聚在此，四面八方不同的三十六時區，也悄然無聲地在此合而爲一。

地理的南極點，類似數學矩陣中的「奇點」效應，一個除以零，在數值上無法定義的點，在函數上，這個點更趨向於無限，也是我心底嚮往的自由無限。如果，人生沒有僵化的定義，趨向無限，再難的糾結是不是也不是糾結？那原本無邊的世界到底又被誰限制住了？

人生中，我們片刻都離不開時間和方向，一年有三百六十五個日日夜夜，但到了南極點，三百六十五個日日夜夜，就變成只有一個白天和一個黑夜，因爲南極一旦進入冬季，半年不見陽光，這時整個大地進入永夜；進入夏季，一瞬之間，太陽升起，長達半年，又變成二十四小時日不落。

我不禁自問，爲什麼我們認定的時間，今天永遠在昨天之後，下一小時是六十分鐘後，我們從來不會去挑戰線性時間的必然性。

在物理上，時間是屬於相對論的，它會根據速度和重力而改變，而現實世界的光陰一去不復返，更讓我們習慣追求速度，跑步要有速度，游泳要有速度，工作也要講究速度，時間永遠挑戰我們，最後，我們到底在追趕什麼？

紀錄片往往一記錄就長達數年，甚至十年，悠悠歲月的付出也未必有完成影片的結果。但剪輯影像時考量的卻是每秒二十四格的影格，這樣漫長無邊的等待，剪輯時刻的精準計算，我生理所設定的時鐘節奏，可能早就跟不上我心理對自我及創作嚮往的速度，無法同步就亂了步伐，生理、心理就接不上線。

站在從不設限的南極點上，我開始認真思考，什麼才是時間存在的意義？從現在開始，我要自訂我的時區，走自己的路。

探索諸神大地，地理上的艱險從來無法限制英雄，冒險一直是我們心中既渺小又巨大的幻想，沒想到，當我眞正站上南極點，衆人達陣的歡愉聲，在極地攝氏零下四十度甚至缺氧的空氣中，我突然縮小了，縮得好小好小，原來世人陌生及想追逐的南極夢，不過只是一顆歪斜插在雪地裡僅及人腰的不銹鋼球。

映入眼簾的只有一片白、雪白、極白，還有我那情不知所以的明白。

人生再輝煌仍然要繼續挺過暴雪及極風，冒險從來就不是last degree（極點）。

其實地理南極冒險眞正困難抵達的還有另一個眞正的「難及點」，正確名稱叫「難抵極」(Pole of Inaccessibility)，位在南緯八十二度六分，東經五十四度五十八分，它在橫貫南極山脈的東邊離南極點還有約八百八十公里，是離南極大陸四周海岸最遠、最不易到的極點，因爲更困難，早已被世人遺忘在二千八百公尺的南極高原上。

不論地理的南極點還是心理的南極點，冒險最遠的地方，永遠是自己心中的last degree。

這趟「前進南極點」征程，全程本來六百六十公里，但因爲極地強風及補給問題，險象環生，我們也遇到了我們心理上的「難抵極」。最嚴重的疏失是，原本每人每天需要七千大卡的食物熱量，負責的冰島顧問只準備了八百七十大卡，行動糧足足缺了九十六公斤，總量不到計畫補給的八分之一，冰島顧問的理由是準備再多選手們也吃不完。專業的傲慢，不得不讓我們停下腳步，臨時改變計畫。

我們選擇了最難的「高原路線」，從南緯八十七度直接挺進九十度，因爲海拔直接拉高到二千四百公尺，在低壓容易發生高原反應，無時無刻的暴風吹襲之外，還要挺過零下三十至四十度的低溫。

在南極，人稱「last degree」，意即極難之點，「高原路線」就落在這，低溫加上三十五級強風，視爲神祕的「死亡地帶」。last degree，一度，代表著一一一．一公里，三度意味著前行還有三五〇公里的生死未卜。

「要不要放棄？放棄是最安全的方法？」我心裡生出這樣的疑問。

——

人生難在選擇。惡劣的天候，隊員的凍傷和失溫，幾乎成了放棄的藉口。但我一直相信，人在面對巨大的夢想和挑戰時，眞正會困住你的從來不是體力，而是你的意志力。

南極點何嘗不是，再迷茫，不論你往那個方向看，每個方向都是你的北方，你永遠找得著「北」。

意志力讓我們挺過去了，此刻，我覺得內心的黑夜可以過去，儘管當下還不知道方法，但我爲這樣的站立驕傲了起來，發現自己對自己更好了，更寬容了。而太陽就在離地平線不高的地方，低旋圍繞著南極點一圈一圈地來回轉，**我原先以為我在世界的邊陲，其實我是在世界的中心，迎接我的是二十四小時永日不落的「永晝」南極。**

人生，會讓你放棄的人永遠是你自己。夢想，最棒的不是醒來只是夢，而是醒來你能得到力量，繼續往更遠的夢想前進。

原來，當你怎樣對待自己時，別人就會這樣對待你。我愛自己，別人就會愛我。

冒險最大的挑戰從不是路途的艱辛，而是如何顛覆我們習以爲常的世界。南極點上的時間，正好貫穿全世界三百六十條經線，不論經過多少高山和海洋，多少冷熱與寒暑，多少國家和時區，最後一定在南緯九十度重新匯聚，成爲一統時間的南極點。

在這裡，因為沒有時區，你可以自由決定你屬於那個時間。

二〇一八年十一月十九日，我們從智利蓬塔阿雷納斯軍機場出發，進入南極後，因爲適逢南極進入長達半年的永晝，日夜永遠都是太陽高掛，爲了避免生物時鐘錯亂，我們一直使用智利時間，而從紐西蘭來的冒險家的時間是慢十六個小時時差的威靈頓時間，可是我們卻在同一個時空聊天，很妙。

南極不屬於任何國家，不屬於地球任何時區，在南極該怎麼計算時間是開放自由的，你從哪兒進入南極，你就用進入地的時間，像我從智利進入，就用智利的時間。

在聯合冰川，我遇到了來自日本的阿部雅龍；在前進南極點時，我也遇到了第一個成功穿越南極大陸的美國冒險家科林・奧布雷迪（Colin O'Brady）；在南極點，我遇到了法國科考站的科學家，大家都有自己計算時間的方式，沒有主觀的認定，人人可以各自表述，時間自由。

在南極這個點上，一秒鐘就可以環遊世界一圈。瘋狂的是，隊友在南極點原地自轉了一百圈，不到一分鐘，就完成了繞地球一百圈的壯舉。

時間只是滴滴答答的沙漏，還是代表歲月存在的意義和價值？

在我們到達極點後的第二天，就是二十四日聖誕夜，聖誕是感恩的季節，聖誕的南極點令人終生難忘。

儘管酷寒，這天，在南極點周圍的各國科考人員，有美國、法國、日本……等，大家穿著各種千奇百怪的奇裝異服來參加三公里賽跑，各國選手在起跑線上蓄勢待發，有人坐在單人沙發上，被人拉著狂奔，有人變身成聖誕老人。這一場跨國的接力賽，所有人都是一家人，沒有種族仇恨、沒有國界壁壘、沒有比較競爭，只有一場歡樂的聖誕嘉年華。

聖誕節是北半球白雪中的節日，但在南半球此時正是夏天，沒有雪花也沒有雪人，但雪人和企鵝也可以在聖誕禮物中相遇。南極點的聖誕派對，何嘗不是神奇的「和平密碼」。在南極點上，人和人原來可以這麼接近，沒有性別、膚色、種族，大家爲了相同的目標，在極地攝氏零下四十度，依然歡笑地奔跑著，科學家共享歡樂時光，在耐力賽跑中一棒交一棒，一個時區跑過一個時區，給了時間浪漫的想像。

二〇一八年十二月二十四日聖誕午夜鐘聲響起，雖然頭頂烈日當空，但站在南極點上，透過衛星電話，我同步向二十四小時區的好友發送祝福，祝大家平安快樂！我想這才是時間眞正的價值和意義！

站在南極點，一切歸零，甚至原點自轉一圈，便已完成環遊世界！

台灣前進南極點長征隊成員合照。

美國冒險家科林．歐布萊迪花了 54 天，獨自橫跨南極 1500 公里，打破外界不可能的定義，成為史上第一位完成創舉的人。

冒險家林．歐布萊迪與楊力州合影。

南極不屬於地球任何時區，時間的計算開放自由，人與人的相遇可以和平而浪漫，不管是南極點的跨年（左圖）或科考站各國科學家的聖誕賽跑（右圖），都令人難忘。

• 小樂高人與我

在未知的冒險行囊中，我們總會想帶上吉祥物或護身符，是思念、是慰藉、是鼓舞、是祝福，這種奇妙的心理儀式，可以越過高山大海、穿過重重迷霧，讓冒險家願意在每個未知的隘口，無畏前行。

其實早在大航海時代，英國船員就會攜帶「手套貓」做為吉祥物，「手套貓」很奇特，一般貓有十八個趾頭，前五後四，但手套貓有二十二趾，反而讓這些貓可以在搖晃不定的海船上站立捕抓老鼠，因此被視為船艦的吉祥物。

南極冒險，之於我也像大航海時代。在我的南極行囊中，原本背負執意冒險以及對親人的虧欠，但在出發前，發現我也有兒子多多為我準備的吉祥物。

多多在我的行囊中，裝進了他最心愛的樂高人。小傢伙心思細密，他知道我們探險隊有七人，他準備了六男一女的小樂高人，放在我的行囊中陪我一路前行。對多多而言，樂高人是對我真心的一路陪伴；對我而言，這是稚齡小兒給爸爸最貼心的護身符，在未知旅途中堅強的後盾。

四十八天的旅程，七十%都是暴風雪，我必須脫下四層手套，用凍僵的手指擺放這不到三公分的小人，五體投地趴在零下四十度的雪地上，為七個小樂高人拍照。

小樂高人與我對冰雪大地完全臣服的儀式，彷佛也讓我聽見了大地之母最原始的心跳。

過去，太多的猶豫，太多的討好，曾經讓我不快樂，甚至忘了快樂。聽見南極大地之母的心跳聲，我好像又重新活了過來。

愈簡單愈純粹，就能快樂。樂高小人，丹麥語是「leg godt」，意思是「play well」——好好玩、玩得好。樂高沒有複雜的動作，就是組裝、拆解、重組，卻可以組出南極、北極、宇宙、太空船、海底各種夢想世界。但，我應該怎麼重組我的世界？

我們一貫執行夢想的方法，就是期盼達到Z，卻先要等A、B、C一切準備好再出發，但太多的A、B、C，是不是讓我們離夢想的Z愈走愈遠。

南極讓我改變了，快樂其實很簡單，就像樂高小人

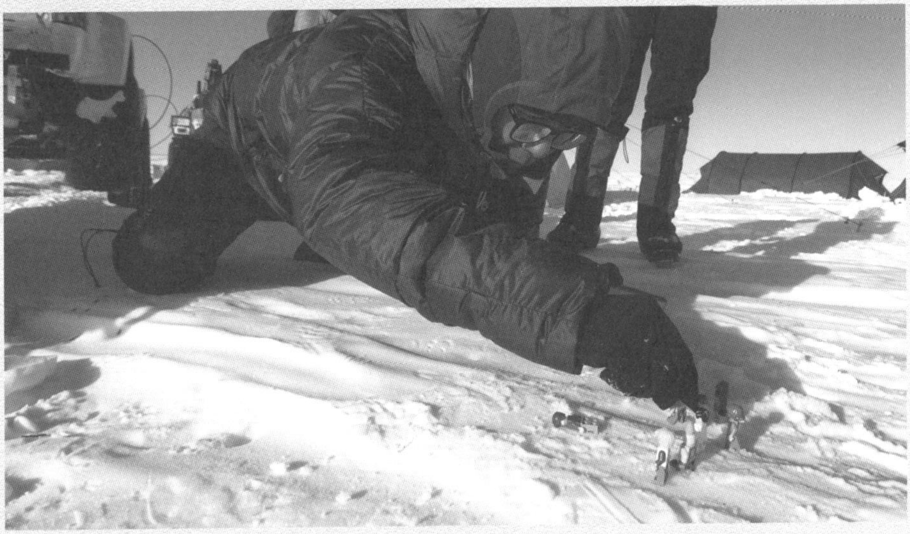

一樣，「play well」——好好玩、玩得好。我意識到前往Z點最快的方式，就是拿起背包，直接出發。所以，我站在了離家一萬三千公里外的南極洲上。

南極是最後一塊人間淨土？我心中的淨土，反倒是像多多給我的樂高小人，紅黑黃白什麼人種都有，不分彼此，共榮共好，沒有你爭我奪，大家為共同的夢想一起前行。

潔淨、平等、和平的「南極密碼」一直在人間——別忘了世界真的有這樣一個地方，沒有國界，沒有爭奪，沒有破壞，沒有歧視，它把所有人類的傲慢都破除了。

我的心，意外接收到了「Peaceful」的密碼，也許，我們真要回到屬於五歲小孩的童心，真摯、純粹、乾淨，而且永遠有愛。

從南緯 79 度出發一路到 90 度南極點，我五體投地趴在零下四十度的雪地上，為小樂高人拍照，這樣對冰雪大地完全臣服的儀式，彷彿讓我聽見了大地之母最原始的心跳，我也好像又重新活了過來。

樂高人是兒子多多為我準備的吉祥物，象徵他對我真心的一路陪伴，對我而言，這是最貼心的護身符，在未知旅途中堅強的後盾。

PART 4

與南極共振

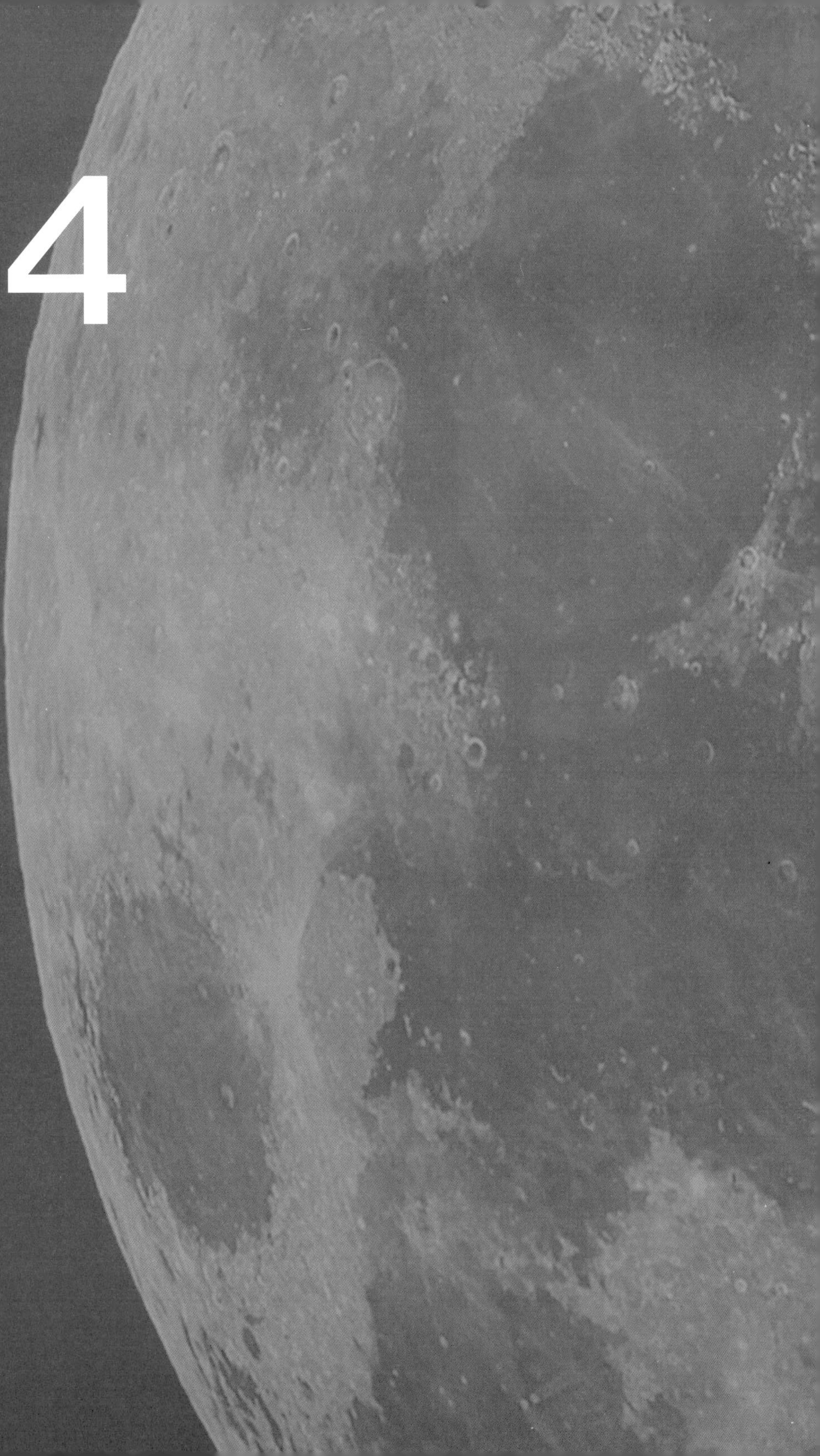

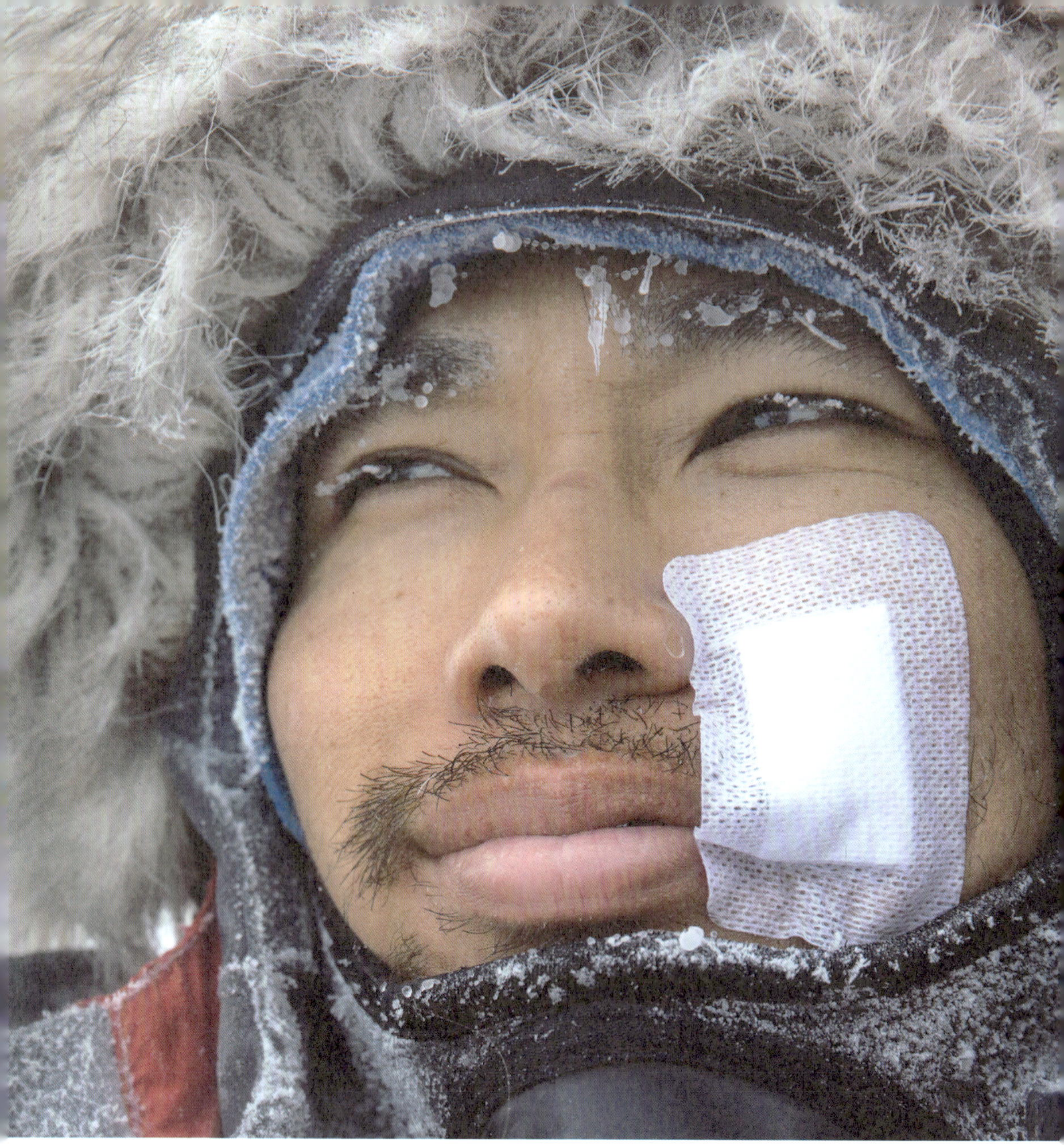

Wilson 身上有著冒險家那種本能的自在。

Chapter 12

Wilson

凡人不是不能做夢，而是你還有沒有夢？

我相信夢想會牽引生命的節奏，走出我的路。我和Willson一起走過南極大地，看見他面對生命的態度，放諸宇宙天地間一步步向前，我突然明白，人不是成為更好的自己，而是更好的成為自己，當人生真的願意看見自己時，願意真心走在自己的時間線上，一切天大地大。我還有夢！

還記得你十歲的夢想是什麼嗎？蔣總統？畫家？太空人？

我想當「蔣總統」是因爲看起來好像很偉大，「畫家」是可以替父親完成他的夢想，「太空人」則是因爲動漫幾乎塡滿我的童年，記得小學時最愛的卡通是《太空突擊隊》。

太空突擊隊　就要出發了　飛馳在閃爍的星際
太空突擊隊　又要出發了　航行在那無邊的太空

只要片頭歌曲響起，我一定握緊拳頭擺在腰間，然後目視遠方，像是直視宇宙最深邃的目標。我喜歡動漫裡面那些科幻情節，除了可以想像自己也變身成太空人，擔負起拯救宇宙的責任之外，也能意外吸收到豐富的太空知識。

「太空人」大概是所有孩子的夢。不論是SpaceX執行長的伊隆．馬斯克（Elon Musk）、維珍銀河（Virgin Galactic）的太空旅行者理查．布蘭森（Richard Branson）、甚至Amazon創辦人傑夫・貝佐斯（Jeff Bezos），誰沒有這個星際太空夢，但曾幾何時，我們卻自己把這個飛向宇宙的夢給刪掉了？

我不知道像我這樣平凡的人，志向能編織到多偉大？在南極出發前一年的各種訓練中認識了他，才知道凡人不是不能做夢，而是你還有沒有夢？

他是Wilson Cheung，來自香港，中文名張偉賢。Wilson是台灣前進南極點長征隊的探險顧問。我們團隊一共有十一名成員，其中七名是台灣隊員，另外就是協助我們的三位冰島探險顧問，以及香港探險顧問Wilson。

出發前，我們密集在台灣、冰島訓練了一年的時間，從台灣三千多公尺的雪山高地訓練，到世界第三大冰川——冰島的瓦特納冰川——的滑雪訓練，我們一步一步前進，目標就是要在出發前，在瓦特納冰川感受最接近南極冰雪的地形地貌及體感。

瓦特納冰川壯闊絕美，它也是電影中「冰與火之歌」交織之地。整個冰川像極了南極，不但有類似極地的凍土層，和像可可西里一樣無邊無際的無人區，極寒與孤絕，這不僅是極地探險人的訓練基地，由於冰川特殊的火山地形，也是一九六〇年代美國太空人登陸月球前的重要訓練基地。

必須說，經過一年的體能訓練，以及鉅細靡遺衛星資訊的收集，我們的冒險風險應該趨近於零，但沒有人不想做比充足更充足的準備。因爲不論再怎麼周全，南極對於來自亞熱帶地區的我們，在心理和體力的耐受度如何，我們仍有顧慮；如果要再降低風險，沒有比找一位同樣來自亞熱帶的探險顧問來得重要。

我們開始在各地瘋狂尋找，千呼萬喚最後一刻才出現的就是他，旅居德國香港籍的Wilson，他當時三十三歲，但早在十七歲時，就入選香港浸會大學南極探索全球暖化的體驗員。

Wilson，赫赫簡歷，他是首位華裔南北極遠征隊隊長，有八年超過七百天的南北極地工作經驗，被美國探索者協會（The Explorers Club）選評世界五十名最具影響力探險家（二〇二二），也是英國皇家地理學會成員。初識Wilson，風雪遮不住那雙慧黠的眼睛，白到極致的冰雪，襯著他無數次冒險鍛鍊出的黝黑皮膚，我知道，他，一定是一個有故事的人。

Wilson就是我心中冒險家的原型，禁不住好奇，這樣的人究竟是堅毅還是偏執？是大愛還是不近人情？是極度專業還是遊戲人間？我心中問號連連。

還沒等我解開謎底，我就被Wilson訓斥了。

初到南極五、六天，我完全吃不下食物。別以爲這是死老百姓挑食的任性，就是水土不服。但我立即受到Wilson的嚴厲警告，幾近訓斥：「你再不吃東西，你的胃會愈來愈小。」

我心中想的是：「我這個胖子，減肥都來不及了，才幾天沒吃東西，有這麼嚴重嗎？」

儘管我每餐都聽話吞食完食物，一趟南極歸來，我居然狂瘦十八公斤。「胃會縮小」足以致命，這個我一輩子想都想不到的事，Wilson的專業提醒，讓我成功走完了南極，而專業的訓斥，也救了我的命。

去南極帶的食物包裡有很多西方人習慣的驢肉、馬肉，但因爲驢肉、馬肉從不曾在我們的生活菜單裡出現，心理產生很大障礙，出於本能的抗拒所以無法入口。Wilson這時會搞笑吃給我們看，用浮誇的「好好吃～」的耍寶表情來吸引我們進食。

在大自然面前，彷佛面對一切困窘侷限他都很自在。這種自在，是坦然的，可A可B可C，一切沒什麼不可，更沒什麼罣礙。

深思下去，這不就是人類最早的原型嗎？我們的祖先不也是自然之子？但進化後的我們，反倒失去了這種本能的自在？

不可諱言，本能的自在對應在所有冒險家身上，也有一種本能的孤獨。我在阿蒙森、史考特、Wilson身上，都看到那種孑然一身的孤獨。以蒼天爲幕，以大地爲床，這樣的人回到充滿愛恨情仇的現實世界，能習慣嗎？天不怕地不怕的冒險家，感情世界更是一種冒險，世間事都是一體兩面，我羨慕Wilson，但也掛心他的孤獨。

——

二〇一八年的冒險雖然我身處南極，腦海中卻一直出現月球的畫面。不知道是不是太孤絕，觸動我敏感的神經，月有陰晴圓缺，人有悲歡離合，在白茫茫的大地上，沮喪的念頭刷刷而過。

已經待在南極第三十天了。愈靠近南極點人愈恍惚，精疲力竭的我，坐在帳篷裡發呆。這時Wilson丟了一本《月球》給我，我才知道，他眞正的夢想是當太空人，他想登上月球。

有意思是，Wilson這個名字的字首是日耳曼語字根「wil」，意即「渴望」，某種程度也是will「意志」字根的來源。

接下來，我們就來看看Wilson真正的「渴望」和驚人的「意志」吧！

Wilson曾擔任英國當時王子、現任國王威廉．查爾斯的極地探險顧問。這麼耀眼的經歷，我原本以爲他非富卽貴，這樣的血統，應該是家中十分優渥的香港貴族吧！我錯了！

經過極地四十八天的深聊我才發現，其實Wilson家境不好，香港底層社會出身的他，母親是深夜在香港餐廳後門收廚餘的清潔工，絕對不是什麼從小騎馬射獵養成的貴族豪門。這樣想都想不到的人，是如何成爲各界南北極科考及冒險團隊爭相仰賴的對象，甚至是可以進入太空的人？

Wilson告訴我，他之所以可以翻身成就自我，完全源於他十歲時立下的夢想——成爲一個太空人。難得的是，在我們南極歸來後，我眞的看著他一步一步靠近這個天外天的夢想。

別以爲作爲一個極地探險顧問就已經是世人眼中的英雄了，Wilson的目標是成爲太空人，南極冒險只是他的自主訓練及踏腳石。做極地探險顧問其實收入很好，去南極兩個月的顧問收入，幾乎是一般主管的年薪。但是Wilson說，金錢的籌措，完全是爲了要成爲太空人作準備。

「渴望」背後眞正的「希望」。

Wilson向宇宙發出邀請。南極歸來後，他勇敢地站在瑞士阿爾卑斯山的雪山之巓，踩在只容一掌著地的稜線上，模仿太空環境接受高山耐力及應變訓練。因爲太空人要會駕駛飛行器，於是他又奔赴捷克，學習如何駕駛飛機脫離地表。轉身，他又回到瑞士學習跳傘，學習風險來臨時如何安全著陸。因爲南極地形地貌和太空星球表面類似，其實他當探險顧問也只是想模擬在特殊地形如何取經。之前他前進西伯利亞做冰川研究，爲未來當上太空人進行太空生物探索時作準備。

最近我接到了好棒的消息！Wilson被「Project PoSSUM」錄取成爲準太空人，開始執行「近太空」的實驗任務。

「Project PoSSUM」是美國佛羅里達州的一個公民科學任務太空人計畫（Citizen-Science Astronautics），目的是選拔有一定的飛行及科學背景的人士，入選的人可以搭乘維珍銀河公司的航天飛機，到中氣層去採集冰的樣本和相關數據。

Wilson的「公民科學家」任務，就是在近太空調查中氣層的冰塊。受全球暖化影響，科學家發現越來越多水蒸氣上升到離地面約八十公里高的中氣層，大量水蒸氣集結成微小冰塊，有史以來從未發生過，這個現象不但對太空船返回地球產生影響，也對全球天氣造成一定衝擊。

登陸太空一直是富人計畫，維珍銀河公司理查．布蘭森爲富人打造一人四十五萬美金（約新台幣一千三百六十萬元）的炫富太空旅行，但Wilson讓我看到另一種「公民科學家」的太空夢更可貴。

所有的「渴望」絕不會天降奇蹟，如Wilson所說：「要問爲了實現自我和夢想，你付出多少？」

宇宙間一直鼓舞著真正的wil（渴望）和will（意志）。

Wilson沒錢、沒有隊友、沒有資源，但這些根本打不倒他，他反而用阿爾卑斯山式進行「單人攀登」（Solo Alpine style）——沿路攔截順風車、坐過夜的特價火車進山，自帶食物帳篷、不住山屋不請嚮導，就是要以最快的速度和最輕的裝備，有策略地一人攀上巔峰。

這個窮小子訂立的目標，不是一座兩座，而是完成攀登阿爾卑斯山脈八十二座四千公尺以上的高峰，至今他已完成六十五座。每每我看到他踩在如刀刃上的峰頂，腳下是萬丈深淵，我在想：「是什麼力量讓他勇於作夢？是什麼力量讓他克服一無所有？」

距離二〇一九年我們南極冒險回來已經六年，我看到Wilson驚人的成長。冒險家從不只是冒險、征服世界而已，我從南極探險家阿蒙森、史考特到Wilson的身上都看到這樣的特質——他們心中一直擁有一個更大的世界，他們會用最有紀律、最科學、最有策略的方式去追求。

Will，不只是意志，更關乎一個人的知識與belief（信念）。Wilson從我們南極之行歸來後，二〇二〇年去到全球最北的大學——挪威的斯瓦爾巴大學中心（University Centre in Svalbard）——攻讀博士，學校深入北緯七十八度，在北極圈內，開展他的冰川研究。

也因爲他有南北極地的經驗，對於日益惡化的全球氣候變遷，他制訂了一項無人機計畫，拍攝冰川並爲其建立模型，以測量冰川的冰含量，這樣便可以精確推算出一九九六年至今冰川融化的速度。

這就是我認識的Wilson，一名了不起的探險家，也是一名值得敬佩的公民科學家。太空不是夢，太空人也不是夢，難的是我們還有沒有夢，和做夢的勇氣。

Willson告訴我們，每個人都不要忘了你十歲時的夢。我在工作日誌裡反省，「是我們沒有夢了？還是誰告訴我們什麼？讓我們把夢想一條條刪掉？」

是未來重要？還是夢想重要？

答案是：「當然是夢想重要，因爲夢想才能給你未來。」

我們愈來愈害怕「未來」，未來被現實壓力綑綁，被窄化，常聽讀這個系沒有未來，做哪個職業沒有前途，我們就開始妥協，放棄自己眞正熱愛的事，夢想只有漸行漸遠。

人生是由一連串的選擇決定的，夢想與未來最大的差別在於，你對於橫梗在夢想之前的阻礙，是選擇妥協，還是創造翻牌的機會。

最近我和兒子多多玩心理遊戲，桌面上有五十元硬幣和蓋著的牌，那張蓋著的牌可能是一百元或零元，我問他要直接拿五十元，還是選擇翻牌？他選擇直接拿五十元。我說我選擇翻牌，因爲翻牌大不了回到原點，一旦翻牌成功，我有機會得到更多。

遊戲重點在「機會」，人生可貴的也是機會，機會才有可能爲你的夢想翻牌。許多人埋怨人生不夠完美，因爲他沒有獲得機會，殊不知很多機會是你自己創造的，還有你願不願意不再妥協。

從南極旅程到現在，我看到Willson從不妥協出身、命運、現實，不斷地爲夢想創造機會，不斷地勇敢翻牌，而我看到夢想就眞的一步步變成了他的未來。

蔣總統？畫家？太空人？我十歲時的夢想還在嗎？我究竟在害怕什麼？害怕到連十歲的夢想都被自己一條一條的刪掉了？

你呢？

Chapter 13

末日冰川

地球正在哭泣！誰能拯救它？
問自己，為了信念，
你可以做出多大努力和犧牲？

南極歸來，讓我更坦然直視真相。不論我的憂鬱，或是已千瘡百孔的世界。

我仍有夢，想做點什麼！

我想起了當初冒險的初衷，為弄懂宇宙大爆炸的起源，我試圖用「全景效應」，用宇宙的視角看全景南極，沒想到從太空中俯瞰人生，這個視角也間接療癒了我封閉已久的心靈。

當痛苦、焦慮看似無限延伸，一旦放在宇宙中，是多麼微不足道的一粒塵埃。人類的精神世界的浩瀚，是自癒困境的一條路，因為關心的視野不同了。

當太空人從太空中俯瞰渺小的地球時，小小如斯，仍躲不掉人類霸權的自殘破壞。藍色地球的自然山河原本是多麼美麗，但地緣政治造成的國界衝突，導致戰火一觸即發，而地球日益暖化造成的洪水巨災，讓喧鬧的紛爭雪上加霜，太空人甚至認為地球將在五百年到一千年間自我毀滅。

從上帝視角重新審視這個孤獨星球，更顯無限悲傷。

從宇宙回望的視角，我想用我的鏡頭做些什麼。

南極從原本位於赤道到今天冰封於地球最底部的，翻天覆地的天旋地轉會再重現嗎？

天神的憤怒造成大洪水，在聖經《創世紀》裡早有清楚記載：

「大地像公牛般吼叫，恩利爾（Enlil）天神說：人類的喧鬧愈來愈吵了，他們的咆哮，使我的睡眠被剝奪，那就停止供養人類吧，讓地球萬物變得匱乏，滿足他們的飢餓。讓風吹向人間，讓土壤斑駁，讓雲層增厚釋放大雨，讓田地減少產出……」

「二月十七日那一天，大淵的泉源都裂開了，天上的窗戶也敞開了，四十晝夜降大雨在地上，洪水淹沒了最高的山，在陸地上的生物全部死亡……」

《創世紀》大洪水的夢魘，一直是南極漂流記的神祕傳說之一，不論是神話還是寓言，大自然變幻莫測，從來不是渺小的我們能預料的。只是萬萬沒想到，現世的南極似乎又將重現大洪水的夢魘。

可怕的詛咒似乎從未離開人間，最近科學家發現，南極最大的冰川——思韋茨冰川（Thwaites Glacier）目前居然只靠冰川的「指尖」在撐著，如果氣候再惡化，五年內就會斷裂崩塌，世界末日可能比預期更早到來，因此也被稱爲「末日冰川」（Doomsday Glacier）。

思韋茨冰川面積超過十八萬平方公里，爲南極西部冰蓋的一部分，是南極最大、移動速度最快的冰川，也是預測未來全球海平面上升的關鍵。世界二十%的淡水來自南極西部，NASA（美國國家航空暨太空總署）估計，一旦思韋茨冰川坍塌，同時釋放出西部其他主要冰體，全球海平面可能會上升四．八七公尺，地球沿海城市的數百萬人將直接面臨極端洪水的威脅，大洪水重現，末日預言讓人不寒而慄。

尤其最近三年思韋茨冰川底部因暖流滲入急速掏空，出現巨大洞穴，高三百公尺，面積約四十平方公里，影響所及，使旁邊巨大的羅斯冰棚也岌岌可危。

羅斯冰棚最近也開始發出巨大悲鳴，科學家發現冰棚下有如音箱般哭泣的低迴聲十分震撼，就像傳說中的萊茵河女妖羅蕾萊（Loreley）的歌聲一樣，「哭泣的南極」代表數十億年的冰層，已經開始劇烈滑動或斷裂。我腦中再度驚現《創世紀》中大洪水的恐怖畫面……地球正在哭泣！誰能拯救它？

ＢＢＣ形容：

「冰川的每一次裂縫，每一次碰撞，都是迫在眉睫的災難聲音……」

此刻，台灣前進南極點長征隊的顧問Wilson，已經在拯救冰川的第一現場。

—————

在我們的南極冒險上，我親自見證了大自然的鬼斧神工。冰川是歷經數十億年冰雪堆積的冰晶，幽幽散發著藍光，原本是美好的神話世界。南極冰川之壯麗，不到現場，完全不能體會大自然的神奇！在這一片「白色大陸」上，因爲長年冰雪不融，冰層幾乎都是垂直拔地而起，最厚可達四千公尺，冰川不但巨大，而且綿延形成一堵冰牆，像思韋茨冰川就長達一百二十公里，我不能想像「末日冰川」一旦斷裂將會是怎樣的人類浩劫。

二〇一九年南極歸來，我依然持續關注著Wilson，因爲他在做的事非常不凡，Wilson的堅持，也讓我認眞思索南極冒險眞正的意義是什麼。這幾年我們持續保持聯繫，他告訴我，從二〇二〇年開始，南極氣候急速惡化，他親眼看見南極有些地方氣溫驟升平均值三十度以上，末日冰川融化的速度超乎想像。常年不融冰的南極冰川下出現前所未見的暖流，蝕刻出巨洞，加上人類碳排放量一直不能有效控制，全球暖化的危機，已嚴重危及南極。

認識Wilson，是我人生中意外的意外，更意外的是他正在做的事，試圖提醒世人一個迫在眉睫的地球風暴正在向我們襲來！

我不得不佩服Wilson的行動力，南極歸來後他持續深入南北極各大冰川，鏡頭下他與研究搭檔背著沉重的無人機、熱水螺栓孔設備在極地冰川上工作。他選擇實地走訪極地，親自站在每個重要的據點，用無人機拍攝冰川的變化，測量極地冰川的冰含量，蒐集大數據以建立冰川消融速度的模型，他用科學的方法建立模型，推算一九九六年至今極地冰川融化的速度有多驚人，以期用精確的科學數據提醒世人。冰川研究是在險峻的冰川冰隙中求生存，他依然無畏的站在氣候變遷最前沿，還要提防北極熊的攻擊。

歷經千辛萬苦，Wilson眞的建立出冰川消融速度的模型，看看二〇三頁的圖，你就知道「末日冰川」對人類的威脅有多嚴重。

最近Wilson又站在南極最高峰文森山（Vinson Massif）採集樣本，險象環生。他說，以往長年處於攝氏負二十五度的文森山，在他蒐集樣本時，居然數天出現攝氏正十度的高溫，與過往溫差達三十五度。三十五度的溫差，冰川立卽融化成冰，集水成河，連續數天沖向下游。看到此景誰不驚慌，駭人的冰川末日預言是否成眞？

「末日冰川」消融速度到底有多恐怖，它融化後注入阿蒙森海的冰水可使全球海平面上升總量的四%，地球怎麼承受得起？但一切正在發生。

Wilson總是令我刮目相看，我原本以爲的冒險家，卻是拯救地球的急先鋒，也讓我看到了冒險眞正的意義，絕對不只是挑戰自己而已，更重要是在全球氣候劇烈變遷下，如何保護我們生存的大地。

我漫步在冰雪南極大地，一直有個不解的疑惑，原本這裡應是潔淨無瑕、朗朗乾坤神聖之地，爲什麼在這裡，有許多南極地名卻赤裸裸的揭示著人性的險惡與悲傷，像「欺騙島」、賊鷗、「難言島」(Inexpressible Island)……？

南極曾經有多少被欺瞞的故事……上帝爲什麼要降下大洪水？《聖經》曾說，因爲「人在地上作惡多端」，地上充斥著不道德和暴力的事，大地在上帝眼前敗壞了。

而這樣的敗壞會再重演嗎？答案不言而喻。

Wilson說：「自地球誕生以來，大滅絕已發生過五次，物種已滅絕了超過九十八％！可怕的是，現在全球物種數目又急速下降，第六次大滅絕的開關已經打開！與之前唯一不同，這次是由人類開始。」

地球人口過度膨脹，科技進步飛躍，對化石燃料的過度開發，導致生物多樣化急速下降，一部冰川史就是一部人類史，影響已經體現在南極大地上。

而名字非常有故事性的「欺騙島」，原來也有一段慘絕人寰的故事。

一向被世人視爲純淨神聖的南極，究竟發生過什麼？欺騙島，在南極洲東北的南設得蘭群島(South Shetland Islands)上，欺騙島地形原本得天獨厚，十二公里寬的圓形劇場由港口四周的黑山環抱，但十九世紀初各地貪婪的捕鯨人接踵而至，這裏開始充斥著殺戮及殘暴，捕鯨船的燃料不是煤而是死企鵝，屍身擠滿海灣，圓形劇場頓時成爲煉獄，猶如一場毛骨悚然的地獄詛咒。

欺騙島頓時成爲人類殘忍的殺戮戰場，鯨魚碎片四處漂浮，作家達米恩・魯德（Damien Rudd）在其著作《悲傷地形考》（*Sad Topographies*）中這樣描述：

> 「沿著捕鯨人灣（Whalers Bay）漬滿鮮血的沙灘，在腐爛的屍體和肢解的骨骸中間，立著一座座巨大的鐵桶槽，鯨魚的骨肉在咆哮的爐火中蒸煮，火光照亮小島，夜以繼日。
>
> 死亡的惡臭充斥海灘上，捕鯨人正將鯨肉鯨脂提煉成鯨油，化為血汗商品。
>
> 十九世紀人類對鯨油有很高的仰賴程度，它不但是化妝品、機油和洗滌劑的成分，也是織品、黃麻、皮革、油氈、繩索、清漆、油漆、肥皂和人造奶油的重要成分，它也被用來潤滑時鐘和天文錶精密機械，更當成維他命營養品，更令人不可思議的是，在一戰、二戰期間，也是製造硝化甘油炸藥的關鍵成分。
>
> 殺戮不只是殘忍的捕鯨行動，鯨腦油的煉製更是血腥，它割斷抹香鯨頭部提煉而來，殘暴的人類用它照亮了歐洲和北美的數百萬家庭、街燈、燈塔和建築物。此時，鯨油成了新工業世界的血脈，它讓時鐘滴答、燈光閃爍、炸彈轟然爆裂。」

一夜之間，原本潔淨的南極大地，頓時化爲煉獄，欺騙島變身爲血淋淋的捕鯨工廠。但這片殺戮戰場很快就被詛咒反噬，鯨油雖然帶來極大的利潤，但人類瘋狂的捕殺，讓鯨油市場過度飽和，鯨油價格大跌，鯨油工廠隨之戛然收場。

直到現今欺騙島上的木牌上寫着：「到一九三一年，英國人在此煉製了三百六十萬桶鯨油。」可以想像，當年爲了煉製鯨油，有多少大型海洋動物遭到瘋狂捕殺。

鯨油爲工業革命點火，鯨油和鯨骨都成了工業時代的代罪羔羊。

人類到底有多荒謬？英國文學評論家暨哲學家威廉・赫茲利特（William Hazlitt）一語道破：

「人生就是被好好欺騙的藝術；爲了讓欺騙成功，必須騙成習慣，騙個不停。」

可怕的大滅絕詛咒隨後眞的發生了。一九六九年十二月四日，南極欺騙島突然發生滅絕性的火山爆發，從海底噴出的熾熱岩漿夾雜着火山灰和濃煙，翻騰到幾百米的高空，吞噬了整個欺騙島。一直持續兩個禮拜，火山才停止噴發，白色大地早已面目全非。

更不可思議的是，原本各國爭相以科學之名卻用以劃地爲王的科考站，智利、阿根廷、英國科考站居然也被從天而降的浮石完全掩埋，英國的直升機更被埋在一、兩公尺厚的火山灰裡，挪威的鯨魚加工廠也化爲灰燼。

這究竟是天神的懲罰，還是人類的自我毀滅？

我似乎理解了Wilson的急切與擔心！

人類能否找回良心，人人更要有夢，拯救這個迫在眉睫的人類浩劫。

我耳邊再度想起雷神索爾的話：

「問自己，為了信念，你可以做出多大努力和犧牲？」

Wilson 建立的冰川消融模型，冰川逐年消融的速度令人心驚。

Wilson 觀察南極冰川融冰速度，三十五度的溫差，冰川的融冰集水成河，沖向下游。 本頁圖源｜Wilson

Wilson 站在南極最高峰文森山，此處長年原處於攝氏負二十五度，居然數天出現攝氏十度的高溫，與過往溫差達三十五度。

Chapter 14

我的平行宇宙

釋放自己，去做害怕的事。

二〇一九年一月三日，結束了南極點征戰，終於，我要開始……是的，開始回家了！

這一路上，我沒看到有任何平行宇宙的入口！但抬頭看向天空，我真心相信它的存在，也許在目前未知的某個時空中或某個情緒的斷點裡，只是我們還不知道打開的方法。

我是一個創作者，天空從不設限。世界太大，太多未知，迷信？還是迷不信？我選擇相信，人只要誠心向天空發出叩問，必有回響，因為所有的答案都在天空。

「天上的星星月亮是誰擺放的？宇宙多如恆河沙數的日月星辰，運行軌道的時間也分毫不差，究竟是誰替它們設計安排的？」即使是愛因斯坦也相信這是上天的傑作。他說：「我是一位研究科學的人，我深切知道，今天的科學只能證明某種物體的存在，而不能證明某種物體不存在。因此如果我們現在還不能證明某種物體的存在，並不能斷定它就是不存在。」

宇宙浩瀚，我相信一切自有安排。唱著「一閃一閃亮晶晶，滿天都是『小』星星」時，我並不認爲星星很小，也相信每一顆星星都是獨一無二，有它獨特的存在及不爲人知的祕密。

二〇一六年，我發現自己不對勁的那一年，一位尊敬的前輩這麼形容我——永恆少年。我去查了資料，原來「永恆少年」原型就是《小王子》，那個來自B612星球的少年，充滿好奇，充滿想像。小王子離開B612後，曾到過六個孤獨星球，他遇到了國王、虛榮的人、酒鬼、商人、點燈人和地理學家……，歷經各種寓言式的考驗，展開奇妙的人生冒險。

二〇一八年，我也到了我的生命南極，仰望永晝不夜的星空，終於可以恣意解放，不論是平行宇宙、外星人、地心人、消失的亞特蘭提斯，還是二戰後不死的希特勒，南極的瘋狂傳說反而讓我暢然呼吸，自由想像！那是一種脫離地表不設限的快樂，也是一種宇宙視角重生的喜悅。

永恆少年，雖然有拒絕長大褒貶不一的定義，但我最認同的是指那些未僵化至失去理想、存在某種執念、為理想走向極端，但仍然渴望改變、仍然在路途中蹣跚著、過分自信又過度自卑的在修羅場上苦戰著的孤獨靈魂。

我們一開始到南極的初衷，是爲科學家送觀測宇宙大爆炸的天文望遠鏡零件，儘管到此刻我自始至終都弄不明白宇宙大爆炸，是從一百三十八億年前？一百三十九億或一百四十億年前開始？但是在南極望向渺渺宇宙時，我可以呼吸了，似乎可以看透天空的深邃，接納已知和未知，接納所有的可能與不可能。

腦中浮現畫家高更的那幅名作：《我們從何處來？我們是誰？我們將向何處去？》，如果把人生難題放在宇宙裡，都只是恆河沙數，我的憂鬱情緒竟意外找到一個穿越黑洞的奇點。上帝給了答案嗎？

不，祂留下有趣的暗示。科學報導是這樣寫著，NASA在南極羅斯冰棚上空，用南極脈衝瞬態天線實驗（ANITA）捕捉到冰棚上空有種濤微中子，它有別於其他掉落在地球上的微中子，濤微中子會反向向上升起，完全不受地心引力影響……。而這個發現地就在我們台灣前進南極點長征隊插著滑雪杖準備出發的羅斯冰棚上空。

我們當時一定也被濤微中子穿透身軀，帶走了什麼，也留下了什麼。多神祕啊！我閉上眼睛幻想著，諾蘭電影《星際效應》主角庫珀出現在女兒墨菲書房的「五維空間」，我正自在的往另一個時空自由穿梭……。

想想，我，從何處來？是誰？要往何處去？另一個宇宙時空，有另一個楊力州，和南極的我遙遙相望嗎？他的個性跟我一樣嗎？還是相反？如果是鏡像，他也有憂鬱情緒嗎？還是完全自癒了？

宇宙之大，太多的可能是我們不知道的，當下的困頓，是不是只是我自己把自己困住了？其實「永恆少年」最大的特質就是不被束縛、不設限，如果另一個平行時空的自己是反向自癒的，他又會怎麼做呢？

現實的楊力州和宇宙另一個楊力州意外的對頻了。

以下是我們的對話，一個是現實的我，一個是來自宇宙的我（用宇宙回聲表示）

我：「我完全看不清前路，說不出迷茫，說不出焦慮。」

宇宙回聲：「從來不是你看不清楚，而是可以看清卻不敢看清，其實你的世界是友善的，只要你願意跨出一步。」

我：「在南極，走著走著，就是無路之路、母親、鬼魂、宇宙，頓時湧現出來，他們是要遮蔽我的前行嗎？」

宇宙回聲：「無路之路才是最恰當的出路，你已經在宇宙星塵中前進了，這些你以為的遮蔽其實是陪伴啊！」

我：「孤獨需要勇氣，脆弱更是如此，但我卻無由的恐懼莫名。」

宇宙回聲：「當你說出來、當你把恐懼釋放出來，恐懼就再也不叫做恐懼了。」

我：「南極一路逆風，只能倒著走或側著走才能前進？但總不能永遠倒著走吧！」

宇宙回聲：「往目標前進最好的姿勢，就是彎下腰，讓狂風暴雪從你的背脊呼嘯而過，用最謙卑的姿勢面對大地。」

我：「我多麼期盼能從母親口中聽到她對我的肯定……」

宇宙回聲：「孩子，暴風雪過去了，陽光出來了，你撐過來了，我清楚聽到她這麼對你說。」

我：「情緒問題會跟著我一輩子嗎？」

宇宙回聲：「會的。明白了，才能勇敢面對心中黑暗，與憂鬱和諧共存，把每段過程都當成禮物。」

回望人生，就如同在南極，沒有路的路，其實都是路，唯有正視自己的內心，自己才能夠陪伴自己。

持續多年頻繁的惡夢，爲什麼莫名哭泣？爲什麼萬念俱灰？爲什麼止不住顫抖？暴風雪的肆虐，食物斷絕，藥物遺失，這些都不會帶來恐懼，我什麼都不怕了。我是好人嗎？這樣算勇敢嗎？

面對憂鬱，才是一場真正的冒險。

在出發前一年，我一時還理不清憂鬱症是怎麼回事，當時只覺得生命沒有意義，也不知該往何處去，無論是南極冒險，還是回望自己的心靈，都讓我感到前所未有的恐懼。

四十八天的冒險旅程，經歷只有三、四天沒有暴風雪，平均攝氏零下三十度的南極，我感受著南極的暴戾，也體會著南極的寬容，看起來似乎很矛盾，但這就是眞實的存在。跟北極比起來，南極的環境更爲殘酷，卻也更爲寬容的張開雙手擁抱我，喘息間，心理南極召喚著，但面對這樣的全面來襲，沒想到居然會措手不及，慢慢來……慢慢來，我這樣提醒自己，回望人生，就如同在南極，沒有路的路，其實都是路，沒有答案常常是最好的答案，唯有正視自己的內心，自己才能夠陪伴自己。

南極睜眼所見是極盡的白茫，有時連天際線都看不見。身處當下，沒有邊際是一種強烈的感受，我彷彿身處在一個無止盡的世界，那裡沒有任何指標方向，沒有任何現實世界所謂的界線，是不是也因爲完全無所依，反而打開了我的執念，開啓了我的平行世界。

孤獨的靈魂，這時突然變得好淸晰。許多念頭開始透明、透徹，所有善良的、邪惡的、醜陋的、不堪的⋯⋯，那都是我，都是眞實的楊力州，只是我們過去從沒有被教導過如何面對自我，那些不美好的自己，所以當碰到問題時只有不斷閃躲，精疲力竭直到放棄掙扎。

好好吃飯、好好穿衣、好好走路。從羅斯冰棚開始的起點，我記錄隊友們徒步滑雪三百五十公里直奔南極點，隊友們每天都戒愼恐懼小心翼翼地走每一步路，在鏡頭裡常常能感受他們的害怕，但一旦踏上南極大地，面對眼前一望無盡的未知，伴隨害怕而來的卻是一股乾淨的情緒，很難形容那種乾淨是什麼？勇敢！太簡化了，無懼！也不到位，其實就是乾淨的去做一件事，如同《金剛經》描述三千五百年前佛陀每天在做的事，好好吃飯、好好穿衣、好好走路。我們在南極一樣做著生活最簡單但重要的事物，過去往往忽略了，可是在南極，這麼簡單的事物還是要專心面對，好好的做好。

南極冒險行程前三分之一，隊員們還會彼此分享人生故事，後來大家都不再聊了，我總笑說是因爲彼此的人生都很熟了。但事實是因爲卽將接觸到冰山下的人生，在自己還不見得釐淸的狀態下，大多的人都選擇關閉，因爲必須跟陌生的自己相處，那是一件恐怖的事。

好多個永晝不夜夜晚，無盡的白光，睜眼和自我對話，時空凍結，完全空白，其實反而靜下來了，也漸漸明白了。

明白什麼？

接受所有好的不好的，這就是人生。不願面對的眞相，是我們每個人的生命課題，但生命就是這麼回事，不能因爲害怕受到傷害而假裝看不到，重要的是你準備好接受了嗎？接受它你才能處理，包括所有好的不好的，因爲這就是人生。

明白什麼？

面對傷疤痛楚，與其遮掩，不如並存，和自己和解。不管身體的、心理的、家族的傷痕，巨大的痛楚，需要的是先清創，面對傷疤，不是遮掩，而是與其並存，才能心平氣和和自己和解。跨過心理極點，其實再下一步，就是另一個新世界。

明白什麼？

相信自己，就像南極永晝的太陽一直都在。在南極行進中最可怕的不是外面的狂風暴雪，困住你的永遠是你自己。恐懼叫人不相信自己，但所有的選擇都是要承受不安全感，先放手脫離舒適圈才能飛翔。我在南極找到了我的太陽，而且懂了能量的轉換，不再自我內耗。

明白什麼？

每個人要定義自己的時區，走自己的路。到達南極點給我最大的啓示，一是成功抵達極點不代表結束，同時也意味著你即將邁開下一步。二是南極點是昨天、今天、也是明天，時間其實是自由的，而時間的認定，還給每個人各自表述，當拿回時間的自由權，重要的是每個人該怎麼定義自己的時區，走自己的路。

明白什麼？

一人英雄，不如萬人英雄。世人定義成敗一直都是二分法，今日觀之，失敗英雄史考特發現的舌羊齒化石，對證明物種演化的貢獻絕對高於阿蒙森。所以如果英雄的定義只有一個，我們就只有一個英雄；如果英雄有一萬種定義，我們就有一萬個英雄。我們應該努力的是：成爲自己的英雄。

明白什麼？

千愁萬愁，不如幽自己一默。當我記錄著其他人的百百人生時，我，站在他們平行的鏡頭前，看著悲劇繼續發生，有時很「無能爲力」，但我要謝謝這種「無能無力」，它讓我長出了另一種能力——幽默感。在困境和無言時，幽默把墜落的我接住了，它足以解千愁，但殊不知我有萬愁呀，哈哈！

明白什麼？

把「期盼」放在「不遠的未來」和「恐懼的後面」。恐懼來自無知、未知，和少了對自己的期盼，但眞正面臨我的南極生死時，我用了一個阿Q的方法，就是把「期盼」放在「不遠的未來」和「恐懼的後面」，而這個期盼就是「一碗魯肉飯」，它果眞吊著我的胃口支持我完成任務，而我在中正機場落地那一刻，眞的馬上去吃了一碗油滋滋的魯肉飯！

人生就是這麼回事，不管你過得去的，過不去的，有志追求的，無能爲力的，是八十億地球人，還是一個人，最終不過是你能否理解，讓自己如何安好、如何安在？不論在遙遠冰封的南極，還是眼前解不開的困境裡。

困擾我好長一段時間的情緒問題，南極歸來，我更能從全新角度看待創傷與情緒。我決定將某部分的自己留在南極，更多新生的我，要規劃自己的時區，走自己的道路。

我希望能作爲一個示範，讓其他和我一樣有情緒困擾的人了解，比起療癒，明白更重要。明白，是理解人生未必有意義跟目的；明白了、清楚了，才能勇敢面對心中黑暗。而透過紀錄片的拍攝，我嘗試讓某個面向的自己死在南極，也凝視死亡，這對我而言是一場必要的儀式。

南極歸來，我更自在了一些。我知道這個情緒問題會跟著我一輩子，但之前的我，很難想像可以透過紀錄片《無邊》和《南極之心》一書與大家分享這個月亮看不見的陰暗面。痊癒不切實際，能與憂鬱和諧共存更爲重要，把每段過程都當成禮物。對於疾病、藥物、未來的路，我又更明白了。

希望無論是什麼年紀、什麼狀態的你，看到這本書《南極之心》或紀錄片《無邊》，都可以埋下一顆種子，哪一天當你突然出現了深深的失落感，發現生命沒有意義時，你會記得曾經有一群人，到南極冒險尋找自己，向死而生。

在這個距離現實最遙遠的地方，在衆神都消失的時候，在你發現生命沒有意義時……

去做害怕的事吧！

gamania
have a
GOOD TIME!

後記

透過書寫，我嘗試將這段經歷與大家分享，希望每位和我一樣有憂鬱情緒的朋友，可以藉由自我梳理，自我明白，逐漸眞正的理解自己，試探、接受冰山之上與之下的完整自己。

南極太遼闊，南極歸來，我反而進入創作的高峰，除了繼續作品創作之外，我監製出不下二十部的紀錄片，因爲念頭的轉換，我扮演監製的角色，讓年輕導演的視界帶我看到一個全新的世界。一念之間，我重新找到了施力的板子，透過支點，人生又可以有不一樣的風景。

現在，年過五十的我，明白該做兩件事：

第一：整理。如何長大？先要傾聽內心的呼喚，懂得自己期盼什麼？去做害怕的事。

第二：明白。人要通透明白，才能懂得跟自己相處，一步一步靠近自己。

在我們前進南極點第十天，發生了狀況，那天我出現莫名的燥熱，窒息到不能呼吸，明明極地車外是零下數十度的酷寒，我卻熱到直脫衣服，聽說這是極地特有的「烤吐司症」，在冰之邊界一種瀕死的瘋狂。最後只剩一件最裡層的排汗衣，因爲燥熱產生窒息感，身體急迫地想奔出，但意識知道不行，內外二個自己拉扯著，淚水就這麼流下了。

流淚，我可以釋放了。

回來台灣後，醫生對我說這是典型的恐慌狀態，因爲壓力產生過度焦慮，就像有人怕黑一樣。我跟醫生說，可是我們去的時候是永晝呀！一片雪白，醫生淡淡的答：「一片黑跟一片白，其實是同一件事。」

「導演，人生不是非黑卽白，灰色的空間最大，隨時隨地都可以安放自己啊！」醫生看著螢幕在鍵入資料時這麼對我說。

明白了！我笑著回他。

從南極回到智利落地，我已讓某個面向的自己死在南極，更多新生的我，要定義自己的時區，走自己的道路。

在眾神都消失的時候，在你發現生命沒有意義時……去做害怕的事吧！

看見一個全新的力州

文／成章瑜（本書內容統籌）

南極，這個世界最遙遠的盡頭，人類在認識自己的道路上走了多遠？

愛因斯坦曾說：「宇宙中唯獨兩樣事物爲無限，一是宇宙的大小，二是人的愚蠢。」宇宙浩瀚，充滿了各種不解的謎題，人類苦苦索求，執著於解釋未知的世界，但這世界給人生的答案，究竟是什麼呢？

二〇一九年，見到剛從南極冒險歸來的力州。在英雄式的歡迎之外，我不知他怎麼了，我彷彿看到他抽緊的心，以及一個直線落體下墜的畫面。

但　我不愛自己　它像風　輕飄飄的襲來 卻　重如石頭壓在胸口 無法　呼吸 本來
還　好好的 一瞬間　就往下殞落　是否　太多不忍看見的總是　盡收眼底 卻不見
痛楚的刺早已枝繁　葉茂的佈滿身軀　所以　吃下藥丸讓　感官失能

力州曾經寫下的筆記，似一種絕望的宣言。服用多年的憂鬱症藥物在一邊，心裡隱微的傷在一邊，究竟該如何安放自己？

走過蒼茫的南極大地，力州覺察到自己的生命和意識都被困住了，他想掙脫。他勇敢進行心理諮商，並誠實創作了他生命自敍式的紀錄片《無邊》。而人怎麼會要生病才想到要靠近自己？又該如何靠近自己？

荊棘、痛楚、芒刺……，家族的陰影、創作的瓶頸、人生的過不去。我作爲力州與詩倩夫婦的多年好友，我們決定做一個大膽的實驗——先讓藥物放一邊，改爲「心的實驗」上場。大家都公認力州很會說故事，但要怎樣讓他說出自己切身的故事？我們決定用一個最原始的方法，用開放的提問，重塑對話，幫助力州抽絲剝繭、梳理他一直不解的人生腳本，我扮演傾聽與整理的角色，因此有了本書《南極之心》的成型。

大膽的實驗，其實緣自後現代心理學發展出的「敍事療法」，也就是通過重述故事療癒自己。所有困頓、疑惑、病痛、死亡……諸多過不去的坎，其實都是我們執著的一念之間，因爲人都習於用自我認知的答案解釋這個世界；敍事療法就是要打開執著的癥結，透過整理、重塑、理解、明白，重新改寫被困住的生命故事。

力州是紀錄片影像工作者，也是影像創作的實驗者，我們都相信故事永遠不是一直線，任何觀看的角度都只是故事的一面，只是我們太習於一廂執著的認爲。如果可以透過重塑對話，多元視角，放大視野重回現場，也許就會出現不一樣的答案。南極之行讓力州看見了不一樣的世界，有了更多元的體悟，而《南極之心》的寫作過程則是一個實驗場，讓他進一步撬開自己心靈的冰層，梳理自己的生命。

掙脫了藥物和生命中各種糾結，果眞在二〇二四年，我看見了一個全新的力州，他改寫了自己的生命故事，更欣慰的是讓人看到，在藥物之外，人類可以擁有神奇的自癒力量。

力州希望將《南極之心》獻給所有深陷困頓的人——即使生命千瘡百孔，路從來不只一條，自癒本就是一種力量，希望讀到這本書的你，也可以有自覺開始重新改寫你的生命故事。

《南極之心》也是寫給所有人的時空膠囊——人生病了，南極生病了，世界也生病了！透過南極探險，意外觀察到人類強取豪奪的野心。未來世界會變成什麼樣？這是人心極限的試煉，我們祈願世界能更公義，更明理，更和平。宇宙回望，地球永遠是最美麗的。

南極之心

楊力州的極地心路探險

作　　者｜楊力州
企劃統籌｜朱詩倩
內容統籌｜成章瑜
美術設計｜郭彥宏
執行編輯｜吳佩芬
行銷企劃｜蕭浩仰　羅聿軒
行銷統籌｜駱漢琦
業務發行｜邱紹溢
營運顧問｜郭其彬
果力總編輯｜蔣慧仙
漫遊者總編輯｜李亞南

出　　版｜果力文化／漫遊者文化事業股份有限公司
地　　址｜103台北市大同區重慶北路二段88號2樓之6
電　　話｜886-2-27152022
傳　　眞｜886-2-27152021
讀者服務信箱｜service@azothbooks.com
果力Facebook｜http://www.facebook.com/revealbooks
漫遊者Facebook｜http://www.facebook.com/azothbooks.read
劃撥帳號｜50022001
戶　　名｜漫遊者文化事業股份有限公司
發　　行｜大雁出版基地
地　　址｜231新北市新店區北新路三段207-3號5樓
電　　話｜886-2-8913-1005
傳　　眞｜886-2-8913-1056

初版一刷｜2025年9月
定　　價｜台幣680元
I S B N｜978-626-99855-2-4

國家圖書館出版品預行編目 (CIP) 資料

南極之心：楊力州的極地心路探險 / 楊力州作 . -- 初版 . -- 臺北市：果力文化出版；新北市：大雁出版基地發行, 2025.09
面；　公分

ISBN 978-626-99855-2-4(平裝)

1.CST: 旅遊文學 2.CST: 南極

779.9
114011126

特別感謝
圖片提供｜劉柏園 林皓申
協力製作｜後場音像紀錄工作室・王羿中 黃昱豪